河合塾
SERIES

入試現代文へのアクセス

基本編

河合塾講師
荒川久志
石川　匠
立川芳雄
野島直子
晴山　亨
共著

河合出版

はじめに

この本は、全三冊で構成される『入試現代文へのアクセス』シリーズの第一冊目『**基本編**』である。

『入試現代文へのアクセス』という表題は、

きちんと筋道を通して、入試現代文の正解に迫る＝アクセスすること

を意味する。

三冊とも、できるだけ少ない負担で正解への確かな筋道を見いだし、入試現代文をのりきる力を養成できるよう、「わかりやすさ」と「使いやすさ」を重視し、細心の注意を払って編集されたものである。特にこの『**基本編**』は一九九三年の初版刊行時から大変な反響を呼び、入試現代文学習に欠かせない問題集として受験生の絶大な支持を獲得してきた問題集である。

本書だけでも、入試現代文に必要な基本は身につくように作られているが、さらに高度な力を身につけたいという諸君は、ぜひ『**発展編**』、さらには『**完成編**』にもチャレンジしてほしい。

本書は特に次のような諸君に最適である。

Ⅰ　現代文の成績がよくないしどう取り組めばいいのかわからない。
Ⅱ　現代文の成績は悪くないが、明確な方針が立たず、入試に向けて不安だ。
Ⅲ　今までいろいろな参考書や問題集に取り組んだがうまくいかなかった。
Ⅳ　ともかく早めに現代文の入試に向けて基礎学力をつけてしまいたい。

▽▽▽ 本書の5つの特徴

1 **本文と設問のわかりやすい解説。** 文章を読む力を養うための〈**本文の解説**〉と、それに即した解答の仕方を〈**設問の解説**〉で、わかりやすく示すことに全力をつくした。

2 **きめ細かな語句解説。** 現代文特有の用語の意味がわからずに苦しんでいる諸君のために、本文に出てくる重要語について、各本文の後に〈**語句の意味**〉を示し、最重要語は〈**現代文のキーワード**〉として掲げ、詳しく解説した。

3 **基本的な読解のポイント＝〈読解へのアクセス〉。** 文章をどう読めばいいか、文章の全体像をつかむにはどうすればいいのか、わからない諸君のためにそのポイントを〈**読解へのアクセス**〉という形で示し、文章への具体的な取り組み方を明らかにした。

4 **解法のポイント＝〈正解へのアクセス〉。** 設問への取り組みに苦労している諸君のために、別冊子の〈**設問の解説**〉の中でも、同じく基本的な解法のポイントを〈**正解へのアクセス**〉という形で示し、ていねいに解説した。

5 **幅広い読解力に結びつく文章選択。** 文章も、多様な分野から比較的新しく面白いものを載せることを心がけ、総合的な読解力が養成されるように配慮してある。

▽▽▽ 本書の構成

特に使いやすさを意識して、次のような構成にした。

◆本書は前半の**例題四題**で本文の読み方の基本を確立し、後半の**練習問題十二題**（**ステップ1六題**＋**ステップ2六題**）で実戦的な読み方と問題の解き方を身につけていく構成をとっている。練習問題は、徐々に難しい文章に対処できるように工夫してある。

◆それぞれの問題は、まず**本文と設問**があり、次に〈**語句の意味**〉と〈**本文の解説**〉が続いている。〈本文＋語句の意味＋本文の解説〉を結びつけて学習することが重要である。

◆それぞれの**設問の解答と解説**は、**別冊子**にしてある。問題を解いていく途中や、本文と〈**本文の解説**〉を検討している時に、安易に解答が目に入らない方が、落ち着いて取り組めるからである。

◆〈**読解へのアクセス**〉・〈**正解へのアクセス**〉は、あとからフィードバックして確認しやすいよう、通し番号をつけ、チェックしやすいように、**巻末に一覧表**もつけてある。

◆〈**語句の意味**〉は、本文での意味を重視して、簡潔な説明をこころがけた。また特に現代文読解のうえで重要な頻出語句は〈**現代文のキーワード**〉として掲げ、ていねいに語句の意味と使われ方を解説しておいた。さらに、解説された語句すべてについて、単語集のような使い方もできるように、**巻末に索引**をつけてある。

▽▽▽ 使い方

●標準的な取り組み方

① まず自力で本文を読んで内容を把握し、設問を解く。

最初のうちは特に、時間はあまり気にせずじっくり取り組んでもらいたい。最初から解説に頼らず、未知の文章にまず自分の力でぶつかっていくことが重要である。

② 〈語句の意味〉で基本語句の意味を押える。

語句の知識が不正確でないか確認する。**〈現代文のキーワード〉**は特によく読んで内容を頭に入れておくこと。

③ 〈本文の解説〉を読み、自分の読みをチェックする。

内容の読み取りの甘かった点をチェックする。**〈読解へのアクセス〉**は特によく理解し、今後どういう点に注意して文章を読めばいいか確認する。

④ 〈設問の解説〉を見ながら解答をチェックする。

正解か不正解かだけを見るのではなく、正解しても、解答の筋道が正しかったか、〈設問の解説〉を見てしっかり把握してもらいたい。ましてや不正解だった場合は、より細かく設問の解説を読み、解法を理解してもらいたい。

⑤ しばらく時間を置いてから、復習する。

〈読解へのアクセス〉〈正解へのアクセス〉、および〈語句の意味〉・〈現代文のキーワード〉、に焦点をあてながら、もう一度文章を読んでもらいたい。巻末の索引を利用して、ウィークポイントは特に重点的に何度もチェックしていくといいだろう。

●一通り本文を読んでも内容がよく理解できない場合の取り組み方

①本文と〔**語句の意味**〕〔**現代文のキーワード**〕を照らし合わせて語句の意味でつまずいてないかチェックする。

②解説された語句とキーワードが理解できたら、本文内容をもう一度読み、設問を解く。

◎あとは標準的取り組み方の③以下と同じ。

●一通り本文を読んでも内容がよく理解できない場合、あるいは本文がわかったつもりでもどの設問の答えも見当がつかない場合の取り組み方

①本文と〔**語句の意味**〕〔**現代文のキーワード**〕を照らし合わせて、語句の意味でつまずいていないかチェックする。

②解説された語句とキーワードが理解できたら、本文内容をもう一度考える。それでも本文内容や設問がわからないときは、〔**本文の解説**〕を照らし合わせて本文を読み直し、内容を正しく理解する。ここで自分の読み方の欠点を、〈**読解へのアクセス**〉を参考によく確認し、今後どう文章に取り組んでいけばいいのか方針を考えること。ともかくじっくり時間をかけて本文内容と自分の読み方を検討してもらいたい。

③設問を解く

◎あとは標準的な取り組み方の④以下と同じ。

▽▽▽ この問題集で使われている記号には次の意味がある

◆本文中で★のついた語句は〔現代文のキーワード〕で解説されている語句、＊のついた語句は〔語句の意味〕で説明されている語句である。

◆〔語句の意味〕のℓで示した数字は本文中の行数である。

◆本文の段落などの冒頭に□で、段落番号もしくはブロック番号を示している（1・2など）。この□番号は解説でも用いている。

◆解説の中の図式で使われる印は次の意味である。

↔……対比関係（読解へのアクセス②を参照）の記号

＝……同じ内容の言い換えの記号

・参考までに、練習問題の十二問については、本文の下に同じ筆者の文章の入試出題歴を簡単に示してある。

・また、**〔解答〕の後に各問五十点で一応の配点をつけてある**が、特に最初のうちは点数を気にせず、文章にじっくり取り組み、解説をよく読んで正解への筋道をつかむことを心がけてもらいたい。

Cooking

もくじ

例題

練習問題　ステップ1

練習問題　ステップ2

例題

「対比」関係をつかんで本文を整理してみよう Ⅰ

例題 A 次の文章を読んで、後の問に答えよ。

1 何の変哲もないふたつの教室。同じように前をむいて並んだ子どもたちが思い思いに自習している。部屋の大きさや形、席の数や配列、どこをとっても何らかわりはない。ただひとつの違いは、第一の教室では監督が前からにらみをきかせているのに、第二の教室ではうしろにいる、いや、いるらしいとしかわからないという点にある。たったこれだけの違いが生徒たちの行動様式に根本的差異を生じさせると言えば、大げさにひびくだろうか。

2 遊びたいさかりの子どもたちにとって、第一の教室は厳しい環境のように見える。[A] しかし、そんな環境でも、慣れてくればそれなりの抜け道を見つけることができる。机の上に立てた本のかげでイタズラ書きをしたり、隣の子とおしゃべりしたり、監督がちょっと目をはなしたすきにかなり派手なイタズラをすることだってできる。[B]

3 監督の目が届きにくい教室の周縁部*ともなると、要領のいい悪童達がけっこうよろしくやっているようだ。休み時間になって監督が席をはずすと、そんな連中のうちとびきりの札つき*が監督席にすわって面白おかしく監督のまねをしてみせ

〔出典〕
浅田《あさだ》 彰《あきら》
『構造と力』

るだろう。それを見て笑いころげる子どもたちの顔にいきいきした遊戯の歓びを見てとるには、ほんの*一瞥《べつ》で十分である。 C

4 第二の教室ではどうだろうか。一見したところ、ここは第一の教室よりもずいぶん自由な感じがする。事実、少々さぼって手あそびをしたりしていても、うしろから叱声がとんでくる[a]ケハイはない。どうやら、ちょっとした遊戯は黙認されているらしいのだ。*増長してだんだん派手なイタズラを考えるうち、しかし、[1]子どもたちは何となく背後が気になりはじめる。もしかしたらボクはうしろから目をつけられているんじゃないだろうか。それを確かめようにも、振りむくことだけは決してできないようになっているのだ。 D

5 したがって、監督が一体いまそこにいるのかさえはっきりわからないのだが、その不在の視線はやがて確実に子どもたちのうちに★内面化されていき、ひとりひとりが自分自身の監督の役割を引き受けることになるだろう。[b]テッテイした★相対評価システムがそれに輪をかけるように作用して、教室をたえざる自主的相互競争の場に変えていく。

6 [c]ジタイをいっそう救いのないものにするのは、[2]この場が空間的にも時間的にも均質にひろがっているということだ。実際、第一の教室と違って、この教室には周縁部がない。監督の視線の位置が確定されないということは、それがあらゆる位置に*遍在しているのと同じことである。また、決まった休み時間があるわけでもない。ふだんから d* ホウニンして自由にやらせているのだから、とりたてて休み時間などつくる必要はないというわけだ。ここでは、子どもたちは、遊戯の自由を与えられているにもかかわらず、いや、まさにそうであるがゆえに、その自由を思うままに e* コウシできないという仕組みになっているのである。

問一 傍線部a〜eのカタカナを漢字に改めよ。

a [ ]　b [ ]　c [ ]　d [ ]　e [ ]

問二 本文からは、次の一文が抜け落ちている。正しく補うとすれば、空欄 [A] 〜 [D] のどこに補うのが最も適当か。その箇所を記号で答えよ。

気ままに席を立って遊ぼうにも、ちょっと顔を上げれば監督と視線を合わせることになるのだから。

[ ]

問三 傍線部1「子どもたちは何となく背後が気になりはじめる」とあるが、ここで子どもたちが意識しはじめたものを、筆者はどのように表現しているか。最も適当な五字以内の語句を、本文中から抜き出せ。

[ ][ ][ ][ ][ ]

問四 傍線部2「この場が空間的にも時間的にも均質にひろがっているということだ」とあるが、「第二の教室」の生徒にとって、「時間」が「均質」であるとは、具体的にいうとどういうことか。本文中の言葉を使って二十字以内で答えよ。

問五 筆者の考えに合致するものを、次の中から一つ選び、記号で答えよ。

イ　子どもたちは、自分たちを監督する大人の視線から逃れられれば、本質的な自由を獲得することができる。

ロ　監督の存在が不明確な状況下では、子どもたちはどこまでも増長し勝手気ままなふるまいをするようになる。

ハ　生気に満ちた遊戯の歓びは、不自由な状況のなかで、そのような状況とわたりあうところから生じることがある。

ニ　子どもたちが競争するようになるのは、遊戯の自由を奪われた場で、大人の評価を気にしながら活動するからである。

語句の意味

周縁《しゅうえん》（ℓ12）まわり。ふち。対義語は「**中心**」。
「第二の教室」には「周縁」がないため、当然「中心」もない。このことを言い換えたのが、「空間的」に「均質」である（傍線部2）という表現である。

札《ふだ》**つき**（ℓ14）悪い人間だという定評のあること。

一瞥《いちべつ》（ℓ16）ちらっと見ること。「——をくれる」

増長《ぞうちょう》（ℓ20）つけあがること。

遍在《へんざい》（ℓ32）広くあちこちに行き渡って存在すること。「遍」は「あまね（く）」と読み、すべてにわたって広くという意味である。

放任《ほうにん》（ℓ33）自由に任せて干渉しないこと。

行使《こうし》（ℓ36）権力や力などを実際に使うこと。

現代文のキーワード

内面（ないめん）

人間の精神や心のなかのこと。「内部」などの語も同じである。
反対に「**外面**」「**外部**」などといった場合は、目に見える部分や肉体的なものを表す。また、外面＝表面的なもの、内面＝目に見えない本質的なもの、といった意味に使われる場合もある。
本文の[5]では、「視線」という「外部」のものが生徒たちのなかに組みこまれてしまうことを「内面化」といっている。

現代文のキーワード

相対（そうたい）

他との関係において存在すること。
「**相対**」の対義語は「**絶対**」だが、この「絶対」とは、他と比較することなしに、それ自体として存在することを指す。たとえば世界史で「絶対王政」という言葉を習ったことがあると思うが、これは、王の権力が他と比べるもののないほどの強大なものであることを意味している。神のことを「絶対者」などというのも同じだ。

これに対して「**相対**」とは、他のものと比較されてはじめて、そのものの存在や価値が認められることを指す。たとえば、本文の「相対評価システム」とは、生徒の成績を他と比較し、他との関係において評価することをいう。このシステムのもとでは、たとえテストで80点を取ったとしても、他の大部分の生徒が90点を取ってしまえば、80点の生徒は悪い成績と評価されてしまう。だからこそ「相互競争」が生じるのだ。

本文の解説

● [1]「ふたつの教室」について

ここでは、子どもたちの自習している「ふたつの教室」というものが示され、その二つがどのように異なっているのかが説明されている。異なっているのは次の点である。

・第一の教室……前に監督がいて子どもたちを監視している
・第二の教室……後ろに監督がいるらしいと感じられる

そして筆者は、このような環境の違いが、生徒たちの「行動様式」に根本的な影響を与える、と述べている。

● [2]・[3]「第一の教室」における生徒の「行動様式」

「第一の教室」では、前で監督が監視しているにもかかわらず、子どもたちは抜け道を見つけてイタズラをしはじめる。とくに、監督の目が届かない場所や休み時間には、子どもたちはかなり派手に遊び、監督を茶化して見せたりもする。ここに「いきいきした遊戯の歓び」（ℓ15）がある、という筆者の指摘に注意しておこう。

● [4] 以降「第二の教室」における生徒の「行動様式」

「第二の教室」は一見したところ自由に感じられるが、そこで子どもたちは、次第に「何となく背後が気になりはじめる」。それは、監督が後ろに「いるらしい」（ℓ4）のに、それを振り向いて確かめることができないからである。そのため生徒たちは、背後から監視されているように感じ、心から自由に遊ぶことができなくなってしまうのだ（以上[4]）。

こうして子どもたちは、「不在の視線」を「内面化」（**p18のキーワード「内面」**）させていく。「不在の視線」とは、存在しているかどうかわからない、背後の監督の視線のこと。子どもたちは、振りむくことができないため、つねに自分が監視されているかのように感じ、この「不在の視線」を強く意識するようになる。その結果、子どもたちは、それぞれが自分で自分を監督するようになってしまうのだ。こうした状態を、筆者は、「不在の視線」の「内面化」（生徒ひとりひとりの内部に組みこまれること）と呼んでいるのである。しかもこの教室には「相対評価システム」（**p18のキーワード「相対」**）があるため、子どもたちは互いに互いを比べあって競争することになり、彼らは、よりいっそう自分で自分を監視し、さぼらないようにしなければならなくなってくる（以上⑤）。

そのうえ、第二の教室の空間的・時間的な「均質」さが「事態をいっそう救いのないもの」にしている、と筆者はいう（最終段落）。では、第二の教室が「空間的」にも「時間的」にも均質であるとはどういうことか。それについては傍線部2の直後に述べられている。以下のような内容である。

a 「空間的」な「均質」さ

これは、教室という「空間」のなかに「周縁部」（**語句の意味**）と中心部との区別がないことを指す。第一の教室には周縁部があり、そこでは監督の目を盗んでイタズラができた。つまり、イタズラがしやすい場所としにくい場所があったのだ。これに対して第二の教室は、どの場所も同じように（＝均質に）イタズラがしにくいのである。

b 「時間的」な「均質」さ

これは、決まった休み時間がないということを指す。休み時間とマジメな時間との区別がなく、いつも同じように（＝均質に）時間が流れているのである。そのため、第一の教室でのように、授業中にはマジメに勉強するが休み時間には心から自由に遊ぶ、といったことができないのだ。

以上のことを述べたうえで、筆者は、第二の教室のように「遊戯の自由を与えられている」場合の方が、逆に「その自由を思うままに行使できない」と結んでいる。

● まとめ

さて、本文の内容に納得できただろうか。本文では、監督などの目を盗んでするイタズラなどが「いきいきした遊戯の歓び」をもたらすと述べられている。たしかに私たちも、〈やってはいけない〉と言われたことを誰かの目を盗んで行なったとき、なんとも言えない快感を感じる。これが「第一の教室」における「遊戯の歓び」なのだ。これに対して、〈なんでも自由にしていいよ、ただしどこかで見張っているかもしれないからね〉と言われたときのほうが、私たちは、かえって自分で自分の自由を束縛してしまう。これが「第二の教室」の状況なのだろう。

読解へのアクセス

次に、この文章を読むうえでの重要なポイントを二つほどあげておこう。

読解へのアクセス①

本文の全体構造を意識しよう

この文章の場合、段落構成が次のような明確なかたちになっている。

・1………序論。二つの教室の環境の違いが生徒の「行動様式」に影響を与える、ということの指摘。
・2・3…「第一の教室」における生徒の「行動様式」の説明。
・4以降…「第二の教室」における生徒の「行動様式」の説明。

ただ漫然と読まず、このような本文の流れ・構成を把握するように心がけてみよう。ただし、どんな文章もこのようなわかりやすい構成になっているわけではないという点にも、注意してほしい。

読解へのアクセス②

対比関係に注目しよう

私たちは、あるものの特徴や本質を明らかにしようとするとき、そのものと、他の対照的なものとを比較するということを、しばしば行なう。たとえば、日本とはどのような国かということを考えるとき、日本のことだけを見ていても、それはなかなかわからない。ところが、外国と比べることによって、日本という国だけがもっている特質などが明確に見えてくる。また、自分について考えるとき、私たちは、他人と自分のことを比べることによって、自分の特質を明らかにしようとする。これらが「対比」である。

一般に、文章の筆者は、このように、二つの概念を「対比」させて論じるということを頻繁《ひんぱん》に行なう。当然、この「対比」関係に注目するということが、文章読解のうえで大きな手がかりになるのである。

今回の本文では、いうまでもなく「第一の教室」と「第二の教室」とが対比されているのである。これを整理すると、次のページのようになる。

第一の教室

・一見すると厳しい環境だが
・周縁部がある
・自由時間がある
・「いきいきした遊戯の歓び」がある

↔

第二の教室

・自由が与えられてはいるが
・周縁部がない（空間的に均質）
・自由時間もない（時間的に均質）
・「不在の視線」が気になり心から遊べない
・自由を思うままに行使できない

以上の二つのアクセスに従って本文の内容を整理することが、設問を解くうえでも大きなヒントになるはずである。

★解答・解説3ページ

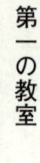

例題 A

「対比」関係をつかんで本文を整理してみよう Ⅱ

例題B 次の文章を読んで、後の問に答えよ。

1 現代は心の病気がはやる。もしかしたら、一つの原因が社会の急速な情報化*にあるのではないかと、私はひそかに考えている。

2 そういえば、近ごろ「心ない人」とか、「心あるはからい」といった言葉をあまり耳にしなくなった。どうやら「温かいハート」といった昔ながらの心のイメージ*は、だんだん失われつつあるようだ。

3 では[1]「温かいハート」でなく何になったのかといえば、心は「思考する頭脳」に近づいてきたのではないだろうか。現代人はまるで自分が情報処理機械であるかのように、せっせと情報を処理している。やりすぎると、ついに頭のはたらきがオカシクなることもあるのだが……。

4 ヒトの心が情報処理機械なら、「機械の心」を作ろうとする野望をいだく連中があらわれてもいっこうに不思議はない。コンピュータ技術は日進月歩*、いつかかならず心をもつロボット「鉄腕アトム」*が出現するにちがいない、というわけだ。夢はおおいに結構。しかし、現実にはそうは問屋*がおろさない。[2]言葉をしゃべるロボットの開発をめざした人工知能の研究が無惨に頓挫*したのは、数年前のこ

〔出典〕西垣《にしがき》 通《とおる》『機械の心・動物の心』

例題 B

となのだ。

5 ああ、いったいなぜ、「機械の心」は完成しないのか――理由を究[a]めようと瞑想[b]*にふけっていると、突然ワン君に吠えられた。ギョッとして、その顔をみながら考える、「犬に、いや動物に心はあるのだろうか」と。愛らしいワン君の顔を前にすれば、[3]「お前に心はない」なんてとても言えそうにない。「機械の心」は無理でも、「①動物の心」は間違いなく存在するのではないだろうか。しかし動物学の書物をひもとけば、動物に心や意識があると簡単に仮定してはいけないことがわかる。

6 もっとも、最近は動物の意識についての研究も本格的におこなわれている。ヒトとともに進化してきた以上、ほかの動物も、たとえヒトとは違っていても何らかの心めいたものを持っている可能性は否定できない。そして実際、驚くべきことに、訓練された類人猿やオウムの中には、簡単な言語をあやつってヒトとコ*ミュニケートできるものもいると報告されているのである。

7 肝心[c]*なことは「動物の心」と「②機械の心」との大きな違いだ。動物の心は、いわば「温かいハート」に近い。難しい計算も推論もできないし、コンピュータのような情報処理機械からはほど遠い。だが感情めいたものはある。そこで私はワン君に話しかけ、「心を通わせよう」とする。こちらが落ち込んでいるときのワン君の心配そうな顔……。

8 ワン君が高度な文法にもとづく文章を理解できないのは当然だ。だが「お手」とか「こっちにおいで」といった、簡単な言葉の★〝意味〟は瞬時につかむ。生物同士のコミュニケーションとは、論理的・機械的な記号操作よりもっと深くて根源的なものだ。③ヒトの言語行動も、つまりはその延長上にある——というわけで、動物から考えていくと、心の謎が少しずつ解けてくるのである。コンピュータは文法規則は覚えるが、言葉の意味はつかめない。そこに「機械の心」の限界がある。

9 ヒトというのは実に不思議な動物だ。論理的な文法を作りだし、ついには「機械の心」をさえ作ろうとするにいたった。もしかしたら、自分や社会を、機械のように論理的に管理統御したいのかもしれない。まさにこれは一種のd呪縛。

10 「自分の心が機械だと信じている動物の心」、それが現代人の心なのだ。そうして、私はここに、現代の情報化社会の病理を読み解く一つの手がかりがあると思うのである。

問一 傍線部a〜dの漢字の読みをひらがなで答えよ。

a

b

c

d

例題 B

問二 傍線部①〜③の語句を、傍線部1のA「温かいハート」とB「思考する頭脳」に該当するものに振り分けた場合、正しい組み合わせはどれか。次の中から一つ選び、記号で答えよ。

イ　A動物の心・ヒトの言語行動 ↔ B機械の心
ロ　A動物の心 ↔ B機械の心・ヒトの言語行動
ハ　A機械の心 ↔ B動物の心・ヒトの言語行動
ニ　A機械の心・ヒトの言語行動 ↔ B動物の心
ホ　Aヒトの言語行動 ↔ B動物の心・機械の心

問三 傍線部2とあるが、「言葉をしゃべるロボット」の開発が失敗したのは、「人工知能」がどのような性質のものだからか。次の解答欄に合うように、本文中の二十字以上二十五字以内の表現を抜き出して記せ。

人工知能は、□□□□□□□□□□□□□□□□□
□□□□□□□□ものだから。

問四　傍線部3「『お前に心はない』なんてとても言えそうにない」のは、筆者には実際に犬がどのようにみえるからか。本文中の言葉を用いて四十字以内で説明せよ。

問五　波線部の「心の病気」の原因を、筆者はどのようにとらえているか。その説明として最も適当なものを、次の中から一つ選び、記号で答えよ。

イ　情報化社会のもと、人々が情報処理に徹しようとした結果、逆に動物と同じレベルの頭脳しか持てなくなってしまったから。

ロ　人々が、情報処理機械としての「機械の心」を作る野望を抱いたものの、それが挫折に終わり、どうしていいかわからなくなったから。

ハ　情報化社会の進展によって、温かく心を通わせることが難しくなり、人々が癒しがたい孤独を感じるようになったから。

ニ　社会の情報化で、人々が自分の心を情報処理機械のように思いこんで、心を温かく通わせる気持ちを見失いつつあるから。

ホ　人々が、ようやく自分の心を機械だと信じるようになってきたものの、「温かいハート」からの脱却がまだ不充分だから。

語句の意味

情報《じょうほう》（ℓ1）事物・出来事の内容や様子、またその知らせ。広く、文字や記号や音声や画像などで伝達される事柄をさす。

イメージ（ℓ4）人が心に思いうかべる映像や観念。

日進月歩《にっしんげっぽ》（ℓ11）日ごと月ごとに、たえず進歩すること。

そうは問屋《とんや》がおろさない（ℓ13）そんなに思いどおりになるものではない、という意味の慣用表現。

頓挫《とんざ》（ℓ14）事業や計画などが、途中で急にだめになること。

瞑想《めいそう》（ℓ17）目を閉じて静かに考えること。

コミュニケート（ℓ26）（意志を）伝達すること。

肝心《かんじん》（ℓ28）特に大切なこと・非常に重要なこと。

論理的《ろんりてき》（ℓ35）議論や思考の筋道が通っているさま。

統御《とうぎょ》（ℓ42）まとめ支配すること・思い通りにあつかうこと。

呪縛《じゅばく》（ℓ42）（心理的に）自由をうしなわせること。

現代文のキーワード　記号（きごう）

一定の意味を表す文字・しるし・身ぶりなどの総称。

「記号」というと、「＋」や「＝」などの数学的な記号を思い浮かべがちだが、現代評論では、**「一定の意味を表す物事」を幅広く「記号」と呼ぶ**場合も多い。たとえば、言葉も、特定の意味を表す単語や文字はすべて「記号」ということになる。この文章の「記号」も主にそうした言語記号をさして用いられている。

さらに、「一定の意味を表す物事」ということであれば、言葉や符号にとどまらない。たとえば、「赤信号」は「止まれ」という意味を表しているので「信号」も「記号」ということになる。また、町で人々が傘をさしている光景に出会った場合、「傘をさす」という身振りは「雨が降っている」ことを意味する「記号」であり、ビルが立ち並ぶ光景はそこが「都市」であることを意味する「記号」となる。このように、極端に言うと**人間をとりまくあらゆる文化現象は、何らかの意味をもつ「記号」**だと考えることも、可能なのである。

本文の解説

1～3 現代の心の病気について

まず、筆者は、現代の「心の病気」の原因が「社会の急速な情報化」にあるという。

昔は、人の心が「温かいハート」のイメージで捉えられていた。ところが、社会に充満する情報の処理に追われるうちに、現代人は自分を「思考する頭脳」をもつ「情報処理機械」のようにみなしてしまい、ついには「心の病気」に至ってしまうというのだ。

4 「機械の心」について

「情報処理機械」に近づいた現代人は、コンピュータ技術を用いて、人間の心とまったく同じような「機械の心」をもつ「言葉をしゃべるロボット」を作ろうとした。しかし、そうした人工知能の研究は、数年前に失敗に終わった。

5・6 「動物の心」について

なぜ「機械の心」は完成しないのか、つまり人間の心と同じにならないのか？　それを考える前に、筆者は「動物の心」について考察する。たとえば筆者の愛犬には、たしかに「動物の心」があるように見える。また、専門的な動物学においても、訓練された動物のなかに簡単な言語を操るものもいると報告されている。どうやら、動物にもヒトと異なる「心」があるようだ。

7・8 「動物の心」と「機械の心」の違い

「動物の心」には、感情めいたものがあって、心が通いあう。その点で、昔の人々の「温かいハート」に近い。たしかに動物は、難しい計算や推論ができないし、高度な文法を理解することもできない。しかし、簡単な言葉の意味を瞬時につかみ、深くて根源的なコミュニケーションを可能にする。実はヒトの言語行動も、動物の深いコミュニケーションの延長にある。逆に「機械の心」は、論理的・機械的な記号操作が得意で、文法規則は覚えるものの、「言葉の意味」をつかむことができない。ここに「機械の心」の限界があるのだ。

9・10 現代人の心の病気の原因

もともとヒトは、「温かいハート」を持ち、心を通いあわせることで他者と交流していたのである。ところが、人々は論理的な文法を作りだし、現代になって機械の心まで作ろうとしはじめた。1～3で見たとおり、情報処理機械のようになった現代人は、機械のように自分や社会を論理的に統御しようとして、「温かいハート」を封じこめていったのである。

例題 B

つまり、本来ヒトは「動物の心」のような温かさをもっていたのに、現代人は「自分の心が機械だ」と信じて、自分の心を縛ることで「心の病気」に陥ったのである。それは現代の情報化社会の病理といえる。

まとめ

本文の全体構造を捉えようとした場合（読解へのアクセス①）、4～8に書かれている、「動物の心」と「機械の心」の「**対比**」を、把握することが重要になる（読解へのアクセス②）。ここでもういちど、「機械の心」と「動物の心」の違いを対比して、整理しておこう。

〈動物の心〉		〈機械の心〉
・難しい推論や計算はできない ・高度な文法も理解できない ・言葉の簡単な意味を瞬時につかむ ・「温かいハート」に近く、深くて根源的なコミュニケーションが可能	↔	・難しい計算や推論が可能 ・高度な文法を理解 ・言葉の意味はつかめない ・論理的・機械的な記号操作にとどまり、深く根源的なコミュニケーションができない

この対比の中でも、特に、「動物の心」が深いコミュニケーションを可能にするという点と、「機械の心」が論理的な記号操作を行なうことしかできないという点が重要になる。

さらにこの「対比」を前提にして、1~3と9・10（本文の冒頭と末尾）で問題になっていた、現代人の「心の病気」が生じる筋道を捉えると、次のようになる。

〈本来の人間〉
・「動物の心」に近い「温かいハート」の持ち主

↕

〈現代人の心〉
・情報化社会のもと、情報処理機械のようになり、「機械の心」に近い「思考する頭脳」に変貌
↓
・自分を論理的に統御しようとして、自分の心を縛り「心の病気」に至る

ここでも「本来の人間」の「温かいハート」と、「現代人」の「思考する頭脳」が対比されていることをしっかり把握しよう。

● 読解へのアクセス

次に、この文章に限らず、入試現代文の重要なポイントを二つあげておこう。

読解へのアクセス③ 先入観を排して、本文を読み進めよう

たとえば、この文章では「温かいハート」や「機械の心」などの用語になじめず、先入観で意味を勘違いしたり、あるいは文章に違和感を覚えた諸君もいると思う。先入観をもったり違和感を覚えたりするのは、ある程度仕方がないが、勘違いや違和感が読解の障害になるようでは困る。現代文では、幅広いジャンルの文章が出題され、なかには君たちの感覚や常識からかけ離れたものもある。そうした文章では、自分の好みや先入観はとりあえず保留し（どこか片隅に寄せておいて）、冷静に本文をたどる姿勢が重要である。〈入試現代文〉で重要なのは、何よりも他人（筆者）の言うことを素直に正確に理解してあげることであって、自分の勝手な意見や好き嫌いを主張することではないことを、心に深くきざみこんでおいてもらいたい。

例題 B

読解へのアクセス④

難解な表現や用語であまり立ち止まらず、先に読み進もう

さらに、この文章では、「情報処理機械」「論理的・機械的な記号操作」などの堅苦しい表現につまずいた諸君、あるいは「鉄腕アトム（ちなみに、これはかつて手塚治虫が漫画で描いた有名なロボットの名前である）」を知らずにとまどった諸君もいるかもしれない。しかし、そうした用語は本文の文脈の流れの中で、大体の意味を理解することが可能なはずであるから、いちいち難しい表現にこだわって立ち止まらず、文章を読み進めるようにしよう。細かな用語にこだわり、一番重要な本文の全体構造の読み取りがおろそかになるようでは困る。

また、5の冒頭で、筆者は「機械の心」についての問いかけを行なった後、すぐに解答を出さずに、「犬」の話に転じていってしまう。読んでいてとまどう箇所だが、こういうところで立ち止まらずに、本文を冷静に読み進めて、大きく話の流れをつかむことも重要なことである。

★解答・解説7ページ

「具体例」とその「まとめ」との関係に注意してみよう

例題C　次の文章を読んで、後の問に答えよ。

1 人間のあり方を考えるのに、人類学*が aチョゾウして来た様々の文化★の、これまではどちらかと言えば [X] と考えられて来た事例の方が新しく立ち現れる現実を説明するのに時にはより有効であると考えられるようになって来た。

2 たとえば、次のようなニュー・ギニアについての記述は十数年前までは、馬鹿々しい、痴《し》れ者の戯れと考えられたかも知れない。しかし、今日これを読む人に、何やら、自分が秘かに言いたいと思っていることを代弁*されていると思う人は決して少なくないであろう。

3 パプアニューギニア共和国の、アサロ河流域のグルンバ族の住民は、時々、発作的な行為に走ることがある。ある暑いけだるい日のひるさがり、村の中を一人の男が突然逆上*して走り出す。彼は目につくものを片っぱしからよこせと要求する。こうした時に、回りの人は彼には全然逆らわない。壺《つぼ》でも石の切れ端でもナイフでも、何でも彼に渡す。1〝野ブタ〟の如く変身した男は、木製の矢じり、こんがらがった糸、煙草、石鹼《せっけん》、衣類、ナイフ、網、皿といった bザッタな物で大きな袋が一杯になると、それを担いで森の中に姿を消す。

〔出典〕
山口昌男《やまぐちまさお》
『文化人類学の視角』

例題 C

4 二、三日すると彼は袋を持たず、手ぶらで帰って来る。燃やしたり、どこか人知れぬ場所に埋めたり、壊したりしたのである。

5 こうした振舞いは、グルンバ族の間では文化の中の許容範囲に入っている。男は、森の中に身体中の c キンチョウをしぼり出して来たというふうに理解され、彼はふだんの生活に戻っていく。しかし何日もたたないうちに、また別の男が〝野ブタ〟になる。

6 他の社会で、犯罪人とか、通り魔とか暴走族といった枠《わく》の中に入っていく人の多くはこうした社会では、平常の人間で生涯を送れたかも知れない。ある意味では、こうした行為は、*ストレスに対する解放装置になっているといってもよいかも知れない。

7 オセアニアの多くの地域においてそうであるように、グルンバ族の感情生活、社会生活は、おおかた物の交換の上に成り立っている。交換は、社会的*コミュニケーションの根幹になるようなパイプであり、交換の場は、最も晴れがましい劇場である。交換においては、純粋な経済的機能はそれほど大きな位置を占めていない。人前で、見せびらかしながら品物をやり取りする行為は、むしろ*パフォーマンスと言った方がよいようである。それは、既《すで》に存在する関係を一方では強調しながらも、他方では新しい関係（交通）を打ち立てるという働きをしている。

8 〝野ブタ〟人間の出現は、多くの場合この交換の場に関連している。交換のときに渡すものがなかったりした男は、*面子《めんつ》を失ってストレスを起こす。このやり場のない感情が彼を駆り立てて、彼をして〝野ブタ〟人間に変身させるというわけである。

9 これより少し*剣呑《けんのん》なのは、インドネシアにおける〝アモック〟という現象である。このアモック現象は、人々の殺傷を含む。インドネシアのジャワ島のある村落で、ある一人の男が突如《とつじょ》として刃物を持って走り出す。彼は手当り次第に回りの人を傷つける。通り魔そのものである。村の人々は、それぞれ武器を持って、彼を追いつめる。追いつめられた男は、時には殺されることもある。この男の場合も、[d]ドウキはパプアニューギニアのグルンバ族の〝野ブタ〟と似ていないわけではない。多くの場合、借金が返せないかどうかの理由で面子を失った男が、突如として変身を[e]トげるのである。よく知られているように、村落レベルのジャワ島民は*物腰が柔らかで、恥ずかしがり屋で物静かである。面子を失うというのは、耐え難い状態であるとされる。

10 考えようによっては、社会がむしろこうした男の出現を心待ちにしていると言えないこともないのである。こうした男を追いつめることによって、社会もまた、その社会が抱えている内側の危機をのり越える、つまり*カタルシス（浄化作用）を行っているといえないことはないのである。

例題 C

問一 傍線部a～eのカタカナを漢字に改めよ。

a	b	c	d	e

問二 空欄 X を補うのに最も適当なものを次の中から一つ選び、記号で答えよ。

イ ＊天衣無縫　ロ ＊荒唐《こうとう》無稽《むけい》

ハ ＊空前絶後　ニ ＊前代未聞

問三 傍線部1「〝野ブタ〟の如く変身した男」とあるが、「男」が「〝野ブタ〟の如く変身」する主な理由を、この例に即し、本文中の語句を用いて五十字以内で説明せよ。

問四 「〝野ブタ〟」（前者）と「〝アモック〟」（後者）との関係についての説明として、最も適当なものを次の中から一つ選び、記号で答えよ。

イ 前者が個人を社会の従属から解放するのに対し、後者は発作的な行為をする個人を社会に統合する機能を持っている。

ロ　前者は個人の目立ちたいがためのパフォーマンスであるが、後者は社会の内側のストレスを解放する機能を持っている。

ハ　前者より後者の方がより危険ではあるが、両者とも個人あるいは社会が抱えているストレスを解放する機能を持っている。

ニ　後者より前者の方がより頻繁《ひんぱん》に起きるが、両者とも社会の内側の危機を個人に転嫁することで解消する機能を持っている。

問五　本文の内容と一致するものを、次の中から一つ選び、記号で答えよ。

イ　社会には、人前で見せびらかしながら品物をやり取りする交換の場が必要である。

ロ　〝野ブタ〟人間や通り魔はどこの社会にも存在するから、あえて排除する必要はない。

ハ　社会は、犯罪人・通り魔・暴走族という枠の中に入る人を平常の人間として扱うべきではない。

ニ　交換が、社会関係を作り出す機能を持つ行為として重視される社会もあることを、見逃してはならない。

語句の意味

人類学《じんるいがく》（ℓ1）人類の特質や文化・社会などについて多方面から研究する学問。
ここでは、**文化人類学**のこと。

代弁《だいべん》（ℓ6）本人の代わりに話すこと。

逆上《ぎゃくじょう》（ℓ10）かっとなること。のぼせあがること。

ストレス（ℓ23）簡単に抜けきれない精神的緊張や肉体疲労。

コミュニケーション（ℓ26）通信。伝達。報道。
言語・文字その他の手段による意志の交換・伝達。

パフォーマンス（ℓ29）身体的行為による表現や自己主張。

面子《めんつ》（ℓ33）体面・面目。世間に対するみえ。

剣呑《けんのん》（ℓ36）危険。あぶないこと。

物腰《ものごし》（ℓ44）態度。立ち居振る舞い。

カタルシス（ℓ48）浄化。集団あるいは個人が、非日常的な事柄に接することで、日常生活のなかで蓄積した、鬱《うっ》屈《くつ》した感情を晴らすこと。

天衣無縫《てんいむほう》（問二イ）完全無欠。性格・言動に飾り気がない、あるいは詩歌・文章に技工のあとがなく完全であること。

荒唐無稽《こうとうむけい》（問二ロ）でたらめ。言動によりどころがないこと。

空前絶後《くうぜんぜつご》（問二ハ）前にも後にも例がないほど珍しいこと。

前代未聞《ぜんだいみもん》（問二ニ）これまでに聞いたことがないこと。

現代文のキーワード

文化（ぶんか）

人間が自然に手を加えて形成してきた、人間の生活様式やその内容のこと。

たとえば、衣食住をはじめ、技術・学問・宗教・政治などは、すべて人間の形成した「文化」である。これらの「文化」は「**自然**」と対立するものと見なされるのが普通である。

なお、「文化」に対して、「**文明**」は物質的な進歩を言う場合が多い。

本文の解説

● 1・2 人類学の効用

（文化）人類学が貯蔵してきた馬鹿々々しいと思われていた（未開社会での）事例が、（先進国での）新しい社会現象を説明する手段として有効であり、そこには現代人が心の底で同感するような点がある。

● 3〜6 ストレスの解放装置を許容する文化

グルンバ族の住民は時々「〝野ブタ〟」のように変身するが、こうした発作的な行為は、「グルンバ族の間では文化の中の許容範囲に入っている」。

パプアニューギニアでのこうした具体例を考えると、日本にもなんらかの「ストレスに対する解放装置」があり、それを許容する社会であれば、「通り魔とか暴走族といった枠の中に入っていく人の多く」も、平常な生活を送れたかもしれない。

● 7・8 交換できない時の激しいストレス

グルンバ族にとって「交換の場は、最も晴れがましい劇場」である。その「交換のときに渡すものがなかったりした男は、面子を失ってストレスを起こ」し、このストレスが彼を「〝野ブタ〟」人間に変身させるのである。

● 9・10 「アモック」によるストレスの発散

「〝野ブタ〟」よりやや危険な例として、男が通り魔に変身してしまう「アモック」という現象がある。この男は、借金を返せず面子を失ったストレスを発散させようとしているのであり、しかもこの男を追いつめることで、社会もまた、内側に抱えている危機つまりストレスを、同じく発散（浄化）させているのである。

● まとめ

各段落で紹介されている様々な現象とそれらへの説明との対応を整理すると、

1・2では　［馬鹿々々しい事例］　→　［社会現象を説明する手段］

＝　　　　＝

3〜10では　［「〝野ブタ〟」「通り魔とか暴走族」「アモック」］　→　［個人や社会のストレスの解放］

となる。

読解へのアクセス①（**本文の全体構造を意識しよう**）がしっかり実行できていれば、1・2が、3〜10で説明・展開される、本文の全体構造やテーマを提示していることがわかるだろう。

また3〜10の中では、

3・4…………「〝野ブタ〟」という具体例 ↓ 7・8…………「〝野ブタ〟」のまとめ

＝

9前半…………「アモック」という具体例 ↓ 9後半・10……「アモック」のまとめ

と具体例（現象）を紹介し、次にそれをまとめる（説明する）ことを繰り返している。この**具体例とまとめ（説明）とを正確に対応させる**ことが、文章全体を正確に読解し、設問を解くうえで大きなヒントとなるはずである。

読解へのアクセス⑤
具体例とそのまとめ（説明）とを対応させよう

なお、本文で扱われている**人類学**（ここでは**文化人類学**）とは、主に未開社会といわれる地域の文化（風俗・習慣等）を観察・分析することで、その民族や地域における文化や社会の個性を尊重しながら、人類すべてに共通する社会や文化の構造や性質を探り当てようとする学問である。現代文のテーマとして、いわゆる未開社会（時には欧米）の、我々にとってきわめて興味深い事例と比較することで、現在の日本の文化や社会の特質や問題点を考える、という内容がよく扱われている。「〝野ブタ〟」や「アモック」といった、一見犯罪のような事例を紹介したこの文章から、人間の心のあり方や社会生活での微妙なバランスのとり方の不思議さが読み取れただろうか。

★解答・解説10ページ

同じような内容の「言い換え」に注意してみよう

例題D 次の文章を読んで、後の問に答えよ。

1 日本の芸術論を見ますと、表現者——芸術家が、きわめて強く他人を意識し、同時に、表現している自分というものを意識していることがわかります。[1]芸術は自己表現という側面を持つのですから、芸術家は自分を意識して当然であるといえますが、日本の場合には、その自分が他人にどう見えるかということを、きわめて強く意識しているのです。

2 話が＊機微《きび》に触れてきますが、芸術家というものは、自分を表現することによって、ある種の満足を味わいます。それは何らかの意味において、彼の自我が他人の前で拡張されるからです。もっと汚い言葉を使っていうならば、どんなにつつましい芸術家といえども、表現するということは、何らかの意味において自己を見せびらかすことであり、自己顕示の行為であります。もっともそれは単純な自己顕示ではないので、そこに表現される自己というものは、なまの自己ではなくて、多くの芸術的な訓練、あるいは修練によって変形された自己だといえます。しかしながら、なおかつそこに自分の拡張、あるいは顕示という要素があることは事実なので、これが表に強く出てきますと、それを見せられる他人は当然[a]フユ

〔出典〕山崎正和《やまざきまさかず》『生存のための表現』

カイな思いをするわけです。

[3] わかりやすい例を挙げますと、よくお芝居で、「あの人はうまいけれども、臭い演技をする」という言葉があります。[2]臭い演技をする人が下手な演技者であるとはいえないので、むしろ技巧的にはきわめてうまいのです。うまいにもかかわらず、どこが悪いのかというと、その技巧的な成果以上に、彼の自己顕示が表にちらつくことであり、*平たくいえば、どうだ、うまいだろう、どうだ、この工夫は面白いだろう、というひそかな意識が目につくわけです。いかにもやっているぞ、やっているぞ、というその感じが*鼻につくということになります。これは当然、洋の東西を問わず見られる現象ですが、日本の芸術家は、★不思議にこの自他関係の機微に驚くほど意識的であるようです。そしてこの鋭い自意識、つまり自己拡張が表に出ることを警戒する意識が、そのまま一つの芸術論にまで高まっている例が見られるのです。

[4] 一例をいいますと、むかしから日本の短歌の世界では、心と詞（言葉）の釣合いということが繰返し考えられています。その場合、[3]短歌というものは、心が余って詞が足りないのがよろしい、というのが大多数の意見であります。もちろんこれには本居宣長《もとおりのりなが》のような有力な反論もあるのですけれども、あまりうるさくなりますので、そのへんは[b]ハブきます。要するに、心がたっぷりしていて、詞が足りないぐらいのもの、これを★余情といいますが、その余情のあふれたものがい

い歌だ、というのが日本の伝統的な考え方だといえそうです。

5 ところで、いったいこの心と詞というのは何を意味しているのか、考えてみるとなかなか面白い問題を含んでいます。

6 もしもこの場合、西洋ふうに考えて、心は歌の内容であり、詞はそれを表現するための形式であるとか、手段であるとか考えますと、これは論理的におかしな議論になります。なぜかというと、歌にどんな内容があれ、どんな心があれ、それが見える以上は、詞によって表現されたものであるはずだからです。詞が足りないにもかかわらず、しかも心が見えるということは、ゲンミツ[c]に考えるとあり得ないことです。なぜならば、短歌というのは詞だけで表現するものですから、詞以外の要素はそこに何もないので、もし心が少しでも余分に見えたとすれば、その心もまた詞によって間接に表現されたものであるはずです。したがって、本当をいえば、心が余って詞が足りないということは、実際にはあり得ないことで、もしわずかな[A]で、たくさんの[B]を表現することに成功したとすれば、その人はたいへんみごとな[C]を選んだのであって、やはり[D]は十分に足りているということになりましょう。

7 そこで、心と詞を対比した日本の歌人の真意は何であったかを考えてみますと、ここでいわれている詞というのは、いわば表に現われた表現の自意識、もっというならば、そこに現われた先ほどの自己顕示の匂いなのです。いかにもきらびやかな、いかにもけばけばしい詞を使って、どうだ、うまいだろう、または、どうだ、面白いだろう、という意識が表にちらつくことがいけない、というのが、いわばこの伝統的な短歌論の*骨子《こっし》ではないかと思います。

8 日本の芸術家というのは、そういう自分の表現の自意識が表に出る結果、本当の意味の芸術的伝達が[d]サマタげられることを極度に心配しています。こういう考え方は、じつはのちの茶道の理論や、あるいは能楽の理論の中に、非常に強く、はっきりと出てくるので、時代は前後しますが、それらの*伝書を見ると、真の表現と、それから表現意識とでもいうべきものをゲンミツに分けようという考え方が現われています。

問一 傍線部a～dのカタカナを漢字に改めよ。

a ☐　b ☐　c ☐　d ☐

問二 傍線部1「芸術は自己表現という側面を持つ」とあるが、「芸術」により「表現」されるのはどのような「自己」か。本文中から適当な部分を三十字以内で抜き出せ。

問三　傍線部2「臭い演技をする人」とは、どのような人か。次の中から最も適当なものを一つ選び、記号で答えよ。

イ　うまく演じようとする技巧が目立ちすぎ、逆に下手な演技に陥っている人。
ロ　自分の身についている能力以上の技巧を見せつけようとしている人。
ハ　技巧というものに対する理念を、芸術論にまで高めようとしている人。
ニ　技巧を越えた技巧におぼれるあまり、表現すべき自己がなくなった人。
ホ　技巧的には優れていても、表現における自他関係の機微に無自覚な人。

問四　傍線部3「短歌というものは、心が余って詞が足りないのがよろしい、というのが大多数の意見であります」とあるが、「詞が足りないのがよろしい」という「意見」は、「短歌」についてのどのような考え方にもとづいているのか。その考え方を、本文中の表現を用いて四十字以内で述べよ。

問五　空欄 [A] ～ [D] には「詞」か「心」のいずれかが入る。「詞」が入ると思われる場合は1、「心」が入ると思われる場合は2を、それぞれ選んで答えよ。

A □　B □　C □　D □

例題 D

語句の意味

機微《きび》（ℓ6）微妙な事情。おもむき。
平《ひら》たくいえば（ℓ20）わかりやすくいえば。
鼻《はな》につく（ℓ22）飽きて嫌になる。

骨子《こっし》（ℓ53）要点。眼目。
伝書《でんしょ》（ℓ57）秘伝を記した書。代々家に伝わった書。

現代文のキーワード **自意識**（じいしき）

外界や他人から区別された「自分（の特徴）」を、自分で強く意識すること。「自我」もほぼ同じ意味の語。

「これが自分だ」ということを自分で明確に意識するのは、当たり前のことのようにみえるが、けっして簡単なことではない。たとえば幼い子は、自分の好みや価値観など特別に持ってはいないし、かりに持っていたとしても、特にその好みや価値観が自分独自のものだとは意識していないはずだ。ところが、成長するにつれて人は自分なりの好みや価値観を確立し、しかも、それらが他人とは異なる自分だけのものだというふうに意識しはじめる。このようにして、人間は、「自我」や「自意識」に目覚めるわけである。

一般に、人間が「自我」「自意識」を強く意識しはじめるようになったのは、ルネッサンス以降の西欧**「近代」**（p78のキーワード）社会の確立によるといわれている。近代以前の人間は宗教や旧来の価値観に縛《しば》られていたが、西欧近代は、個人主義とそれにもとづく自由と平等の精神を確立させた。こうして、「自我」「自意識」が重視されるようになったというのである。それに対して日本では、個人よりも家・共同体・国家といった集団を重視する社会が長いあいだ続いたため、自分自身を集団や他者と切り離して考えるという文化が定着しにくかった。そのため、よく日本人は近代の西洋人にくらべると「自我」意識が希薄だといわれる。

したがって、〈前近代〉と〈近代〉を対比させたり、日本と西欧の社会を比較したりするような文章では、「自我」「自意識」などの言葉が重要な役割を担《にな》うことが多い。本文にも、西洋人が「心」を重視するというエピソードが出てくるが⑹、この話の背景にも、「自我」を重視し自分の心を充実させようとする西洋人の考え方がある。こうした「自我」を積極的に表現しようとする西欧近代的な態度を、筆者は「自己顕示」、「自己拡張」と呼ぶ。

現代文のキーワード

余情（よじょう）

ある行為や表現の背後に感じられる奥深くしみじみとした風情。日本の伝統的な美意識を示す言葉のひとつ。日本の文学や芸術には、すべてのものをあからさまに描写してしまうのではなく、表現を抑制・省略し、言葉の背後にある奥深いものや繊細な情趣を暗示しようとする傾向が強い。そこに生じるのが〈余情〉である。平安中期の和歌で重視されはじめた〈余情〉は、現代の短歌や俳句などにも影響を与えている。本文に登場する本居宣長は、『源氏物語』の世界を〈もののあはれ〉と呼んだが、それも〈余情〉と深く結びついた美意識である。

本文の解説

1 日本人の芸術観

ここでは、芸術は一般に「自己表現」をめざすものだが、日本人の場合には、「自分が他人にどう見えるか」を強く意識する傾向がある、という問題提起がなされている。

2・3 芸術表現におけるマイナスの側面

ひとまず日本人の特性から離れ、芸術家が何かを表現するときに生じるマイナス面が述べられる。芸術家は訓練や修練を重ねて「なまの自己」を「変形された自己」に高めるが、それはある意味で「自己を見せびらかす」ことでもあり、度を過ぎると他人に不愉快な思いをさせることになるという。

また、3では「自己を見せびらかす」ことの具体例が述べられるが、ここで注意したいのは、段落の途中で話題が日本の芸術家に戻り、1の内容が言い換えられている点である。

[4] 短歌を例とした、日本人の伝統的な考え方

日本の短歌の世界では、「心がたっぷりしていて、詞が足りないぐらいのもの」がよいとされてきた。それを「余情」という。**p48のキーワード**でも説明したように、「余情」という考え方は、日本の伝統的な美意識のひとつとして重要なので、しっかり覚えておこう。

[5]・[6] 「心」と「詞」の関係

西洋ふうに考えると、「心」（＝内容）は「詞」（＝形式・手段）によって伝えられるものであり、「詞」がたくさんあれば、それだけ「心」も豊かに表現されるということになる。だから、短歌の場合も、正確には「心が余って詞が足りない」のではなく、みごとな「詞」を選ぶことで「心」を十分に伝えようとしたということである。

[7]・[8] 「心」と「詞」を対比した日本の歌人

日本人は、いかにもきらびやかな「詞」を使うと、どうしても「どうだ、うまいだろう」「面白いだろう」という自意識がちらついてしまい、本当に表現したいこと（＝「心」）が妨げられると考えた。そこに、「表現意識」（＝芸術家の自意識）を抑制して、「真の表現」（＝本当の意味の芸術的伝達）をめざそうとする考え方が現れている。

まとめ

ここまでの内容を図にまとめると、次のようになる。

芸術についての一般論（[2]・[3]）

・芸術は自己表現・自己顕示である
・しかし自己顕示が表に出すぎると鼻につく

←

日本人の芸術観

・自他関係の機微に意識的（ℓ23）
＝
・自己拡張が表に出ることを警戒する（ℓ24）
＝
・短歌は心が余って詞が足りないのがよい（ℓ28）
＝
・余情のあふれた歌がいい歌だ（ℓ32）
＝
・表現の自意識が表に出すぎて「本当の意味の芸術的伝達」が妨げられることを心配する（ℓ54）

こうして、本文では、芸術一般の問題から芝居や短歌へと話題を移しながら、日本人の芸術観が繰り返し説明されていく。このように、同じ内容の言い換えに注目しなければならない文章は入試でもよく出題されるので注意しよう。

読解へのアクセス⑥

同じような内容の言い換えに注目しよう

なお、本文では明確になっていないが、この文章は日本独特の芸術観について西欧的な芸術観と**対比**（読解へのアクセス②）した文章であると考えることもできる。6の冒頭の記述に即していうと、西洋の芸術観では自分の表現したいものの「内容」が第一であり、「詞」はそれを表現するための「形式」「手段」にすぎないということになる。だから、西欧では自分を顕示することが日本ほど「鼻につく」行為とみなされないのであろう。それに対して、日本の芸術家は、「表現意識」と「真の表現」の関係を厳密に区別する。自己顕示の強く出すぎた臭い表現が鼻につくというのは、日本の芸術家の場合、「自他関係の機微（自己をストレートに出しすぎると他人に不快感を与えることになるという微妙な関係）に驚くほど意識的」だということにつながるのである。

★解答・解説13ページ

練習問題
ステップ1

第一問　次の文章を読んで、後の問に答えよ。

[1]　新聞を読んでいると、[1]コメントという奇妙なものを眼にすることがある。大きな政争や事件が起きた時などに、「識者*の意見」とかいう名のもとに[a]カカげられる、あれだ。このような国民不在の総裁選にはうんざりさせられる、とか、この事件の責任は犯人の少年ばかりでなくそれを許した周囲にもある、とか、一昔も前からほとんど変わっていそうにない紋切型*の意見が、器用に数行に要約され載《の》っている。変わらないことが悪いというわけではない。いつの時代にも妥当*する正しい意見というものが、あるいは存在するのかもしれない。ただ、大学教授、評論家、作家といった人々から、何をしているのかは知らないがとにかく有名ではあるといった人々に到るまで、およそ彼らが発しているコメントなるものを読み、心の底から納得させられることは稀《まれ》だというだけの話である。

[2]　時として、どういう風*の吹きまわしか、私のところにもコメントを求める電話がかかってくることがある。だが私は、たとえそれが新聞であろうと雑誌であろうと例外なく断ってしまう。同じジャーナリズムの現場にいる者として断るのは辛《つら》いが、だからといって引き受けるわけにはいかない。別に、自分の喋《しゃべ》ったことが正確に伝わらないからとか、記事の中で[b]ユガめられてしまうからというのが理由ではない。要するに私にはわからないのだ。その事件がどうして起きたのか

〔出典〕
沢木耕太郎《さわきこうたろう》
『私にわかっていることは』

〔著者出題歴〕
・筑波大学
・早稲田大学
・立教大学
・学習院大学
・日本大学
・聖心女子大学
・京都産業大学
・広島修道大学

など、当事者*でもない私がどうしてわかるだろう。わかっていることは、[X]だけだ。たとえば、小学生が自殺する。新聞はその出来事の[c]ショウサイとともに識者のコメントを載せる。さまざまな人がさまざまに意見を述べる。だが、それらは、多くの場合、憶測*や予断*にすぎず、事実の裏打ち*のない意見は思いつきの域をでることがない。

3 真に知識のある人や確かな技術を持っている人は、自分のよく知らない世界や出来事について語ることには極めて[d]シンチョウなものである。なぜなら、彼らはどれほど自分が知らないかをよく知っているからだ。だから彼らは口ごもる。そして、そのことは、人間としてかなりまっとうなことだと私には思われる。私もできることなら、知らぬことを得々*と喋る愚は犯したくない。しかし、いくらそう説明しても理解してもらえない時がある。そこで、なぜこういう事件が起こるのだろうかと訊《たず》ねられるたびに、仕方なくこう言って断ることになる。

4 「いやあ、それを調べるのが僕の仕事だから、あまり簡単に答を出してしまうと自分の仕事をひとつ減らすことになってしまうんですよ」

5 [e]ジョウダンまじりにそう言うと、相手も笑って許してくれる。だが本当は、調べたところで大したことはわかりはしないのだ。いや、調べれば調べるほどわからなくなってくるといったほうが正しいかもしれない。調べてもわからない。ただし、どこがわからないかははっきりしてくる。そう考えてくると、私たち、いや少なくとも私が書く*ルポルタージュなどというものも、それが絶対の真実を伝えるなどというたいそうなものではなく、僅《わず》かにどこがわかりどこがわからなかったかを明らかにできるだけの私的な中間報告にすぎないことが理解できてくる。たとえそれが、どれほど見事に完結した*結構を持っていたとしても、せいぜいがひとつの仮説に★すぎないのだ。多分、あらゆる記事、レポートは中間報告であり仮説である。2テレビで、朝となく昼となく主婦向けの番組で流されつづけている、いわゆる芸能レポーターたちのゴシップは、いかにも*胡散臭《うさんくさ》いから逆に救われているところがある。最近では、彼らのレポートを見聞きして、それをそのまま信じてしまう人はあまりいないだろう。意識するとしないとにかかわらず、それを一種の仮説と受け取る訓練ができているのだ。

6 もしかしたら、本当に怖いのは彼らの*ヤクザなレポートではなく、3いかにも*真摯《しんし》で、いかにも世を憂《うれ》い、いかにも真実はこれだ、と主張しているようなものかもしれない。それ自体が単なるひとつの仮説にすぎないということを忘れ、書き手も読み手もこれを*唯一無二の真実だと思い込んでしまう。そのようなレポート、記事は、書き手の善意の有無にかかわらず、常に危険なものに転化していく可能性を*孕《はら》んでいる。

7 わかっていることは、わからないということだけ。私にとっての確かな出発点はそこにしかなく、また、長い取材の果てに辿《たど》り着く地点もそこでしかない。

第一問

問一 傍線部a～eのカタカナを漢字に改めよ。

a b c d e

問二 傍線部1「コメントという奇妙なもの」とあるが、筆者は「コメント」についてどのように考えているか。その説明として最も適当なものを、次の中から一つ選び、記号で答えよ。

イ どの時代にも妥当する正しい意見がまとめられていることに感心させられる。
ロ 思いつきにすぎない類型的な意見が多く、心から納得できるものは少ない。
ハ 同じ業種の人々の意見はとても興味深いが、自分のコメントは避けたいと思う。
ニ 喋った内容が正確に伝わらないので、コメントの依頼を断ることにしている。
ホ 時代の変化を無視した、変化のない紋切り型の意見が多いので、信用できない。

問三 空欄 X に入れるのに最も適当な十字以内の表現を本文中から抜き出して記せ。

問四 筆者は、傍線部2「いわゆる芸能レポーターたちのゴシップ」と傍線部3「いかにも真摯で、いかにも世を憂い、いかにも真実はこれだ、と主張しているようなもの」の違いをどのようにとらえているか。傍線部2を「前者」、傍線部3を「後者」として、本文中の語句を用いて五十字以内で説明せよ。

問五 本文の内容に合致するものを、次の中から一つ選び、記号で答えよ。

イ 事実を調べてもわからなくなるだけで、調べないのと同じことである以上、余計な*詮索《せんさく》をせず、何も語らないに越したことはない。

ロ 自分が無知であることを自覚している人ほど、謙虚に物事を知ろうとするため、あらゆる物事について語れるようになるものである。

ハ コメントを求められても、当事者でない自分が事件についてわかるはずもないので、*にべもなく断ることにしている。

ニ 事実を調べ上げても大したことがわかるわけではないが、少なくとも、調べもしないで知らぬことを得々と語る愚だけは犯したくない。

ホ 当事者以外の人間がいくら取材しても明確になることなど何もなく、結局のところ、あらゆる記事は私的な中間報告にすぎないと言える。

語句の意味

識者《しきしゃ》（ℓ2）物事について正しい知識や見解をもつ人。
紋切型《もんきりがた》（ℓ5）きまりきった型。
妥当《だとう》**する**（ℓ6）よくあてはまる。適切である。
風《かぜ》**の吹**《ふ》**きまわし**（ℓ11）その時のなりゆき。
当事者《とうじしゃ》（ℓ17）その事柄に直接関係のある人。
憶測《おくそく》（ℓ20）確かな根拠のない、いいかげんな推測。
予断《よだん》（ℓ20）前もって判断すること。予測すること。
裏打《うらう》**ち**（ℓ20）別の面からの証拠だて。うらづけ。
得々《とくとく》**と**（ℓ26）得意そうに。
ルポルタージュ（ℓ35）現地報告。事実をありのままに叙述した記録文学。
結構《けっこう》（ℓ38）（名詞の場合）組み立て。準備。計画。
胡散臭《うさんくさ》**い**（ℓ41）どことなく疑わしい。何となく怪しい。
ヤクザな（ℓ45）役にたたない。まともでない。
真摯《しんし》（ℓ46）まじめでひたむきなさま。
唯一無二《ゆいいつむに》（ℓ48）ただ一つで、二つとないこと。
孕《はら》**む**（ℓ50）中に含んで持つ。養う。みごもる。
詮索《せんさく》（問五イ）調べ求めること。
にべもない（問五ハ）愛想がない。そっけない。

現代文のキーワード　**仮説**（かせつ）

ある現象を統一して説明するために立てられた理論上の仮定。

「仮説」から導き出された結果が実験や観察を通じて検証されると、**「真理」**と認められる。逆に、検証がほとんど不可能である場合は、「仮説」は単なる**「憶説**《おくせつ》**」「憶測**《おくそく》**」**とみなされる。

なお、類義語に**「仮構**《かこう》**」「虚構**《きょこう》**」**がある。**第九問の『仮説の文学』**（p138）などでは、「仮説」を「仮構・虚構」の意味で使っている。しかし一般には、あくまで**理論上の仮定を意味する「仮説」**に対して、非理論的に、**ありもしないことがらを空想や想像で作り上げたものごとを「仮構」「虚構」と呼ぶ**ことが多い。その点に注意しよう。

本文の解説

●1・2　新聞コメントへの違和感

「識者の意見」として掲げられる、型にはまった新聞コメントに、納得させられることは稀である。筆者は新聞や雑誌にコメントを求められると、事件の原因がわからないため、例外なく断ることにしている。さまざまな識者のコメントも、事実の裏づけを欠いた思いつきの意見にすぎない。

●3・4　真に知識のある人の態度

真に知識のある人などは、自分がいかに物を知らないかを知っているので、よく知らない物事について軽々しく語ったりはしない。そうした態度を高く評価する筆者は、コメントを求められると、「それを調べるのが僕の仕事だ」と言って断ることにしている。

●5　「仮説」としての記事やレポート

しかし、物事は、調べれば調べるほどわからなくなる。ただ、どこがわからないかがはっきりしてくるだけだ。ルポルタージュや、記事やレポートが明らかにするのは真実などではなく、いずれも、私的な中間報告であり、仮説でしかない。その点で、テレビの芸能レポーターの胡散臭いレポートは、視聴者に仮説と受け取られることになるので、逆に害がない。

●6・7　「わからない」ことに踏みとどまることの重要性

本当に怖いのは、「仮説」であることを忘れたレポートや記事である。それらは、自分の書いているものを真実と思い込み、人々を信じ込ませてしまう点で、危険なものになりかねない。こうした危険性を自覚する筆者は、「わかっていることは、わからないということだけ」という意識を最初から最後まで貫いている。

●まとめ

読解へのアクセス①に従い、**文章構造**を振り返ってみよう。この文章では、二つの異なった対比が、本文前半部と、後半部に示される。こうした**対比関係**を、**読解へのアクセス②**に従い読みとることができただろうか。この文章では、まず二つの対比を整理し、その対比から浮かび上がる筆者の見解を読みとることが、求められているのである。順番に整理していこう。

まず1～4では、〈コメントを発表する「識者」〉と〈真に知識のある人〉についての筆者の判断が対比されている。両者についての判断の違いをしっかり押さえておこう。

第一問

〈コメントを発表する人〉	↔	〈真に知識のある人〉
△型にはまった思いつきのコメントを新聞に発表するが、納得させられることは稀		○知らない物事を軽々しく語ったりはしない点で、人間としてまとも

次に、5～7で、二つめの対比が示される。

〈芸能レポーター〉	↔	〈真実を主張する記事〉
△胡散臭いレポートは仮説として受けとられ、あまり害はない		×仮説ではなく、真実と思い込むため、危険なものに転じる可能性

以上の対比を読みとったところで、次のような筆者の立場が浮かび上がってくるはずだが、読みとれただろうか。

〈筆者の立場〉

- 最初から最後までわかっていることは、「わからないということ」だけだ。ただ、調査を通じて何がわからないかが明確化する。
- すべての記事・レポートは「仮説」でしかない。

有名な学者や評論家がテレビや新聞でコメントを発表すると、一般の人々は「偉い人が言っているんだから正しいんだろう」と思い込みがちである。しかし、筆者はそうしたコメントに納得しない。こうした筆者の意識は、ルポルタージュライターの仕事を通じて、「『事実』というものは、いくら調査してもすべて明らかになることなどありえない」という重く切実な実感とともに、培われてきたものだと思われる。

一見平易な文章に見えるが、述べられている内容は常識を覆《くつがえ》す奥深いものである。この文章のように、素朴な常識を疑い、それを覆すようなエッセイや評論は、入試でよく出題される。読みやすい文章が出題されると、それを甘く見て、先入観で内容を決めつけて失敗する場合が多い。どんな文章に対しても、**先入観を排して、本文を読み進める**心がけが必要である（**読解へのアクセス③**）。

★解答・解説17ページ

第二問　次の文章を読んで、後の問に答えよ。

[1] タスマニア島人には「ゴムの木」「垣の木」などに対する名称はあるが「木」にあたることばはない。アフリカのズールー族は「赤いウシ」「白いウシ」に対する名前はあるが「ウシ」ということばにあたることばがない。チェロキー族は洗う物の種類に応じて「洗う」ということばが別々にあるが「洗う」ということばはない。

[2] 木、ウシなどのことばが、われわれの社会ではあまりに普通なことばであるから、これらの事実にはわれわれは非常に珍しいこととして気をひかれる。かれらには物事を抽★象する能力が欠けている[a]ショウコだとして、これらのことがもち出されたりしたことがあって、よく知られた未開社会の言語現象である。しかし[1]この方は全く誤りであって、いかに具★体的な事物を指すことばであっても、抽象性がないということはない。[A] 木やウシにあたることばと、個々の種類の木やウシだけを指すことばとの差は小さくないが、白いウシだけを指すことばはやはり白いウシの全部を総称している。その意味で、やはり一般性の意味を担うことばである。そういうことばを使って話すかれらは、すでに頭の中には抽象の意味世界をもっているのである。そのことはともかく、われわれはこれらの事実によって、[甲]。というのはウシ一般を意味することばがなくて、白

〔出典〕
築島謙三《つきしまけんぞう》『ことばの本性』

〔著者出題歴〕
・同志社大学
・立命館大学

いウシ、赤いウシに相当することばしかない人のウシ一匹を見る心は、赤い、白いを超えたウシそのものを指すことばをもち、それによって「馬」に対する「ウシ」なる対象をもつという人がウシ一匹を見る心とは、おのずから異なるはずだからである。はたして白いウシ、赤いウシに共通した「ウシ」なる意味が全く欠如しているのかどうかわからないけれども、たとえ欠如していないとしても「ウシ」なることばがない社会の人は、それがある社会のわれわれとは、ウシを見るワクに異なるものがあるであろう。ウシにおける白、赤の色がもつ意味自体も両社会において異なるであろう。

3 このようなわれわれの社会の普通人にb*チンキと見える現象は、生き物に対するかれらの区分の意識に異なる面があることの一つの*徴標であろう。諸々の事物あるいは事象の区分、分類は、科学の世界では*斉一《せいいつ》化されているが、一般社会では、文化の相違にしたがって一様でないものがある。殊に未開社会と文明社会との間には、c*ケンチョな相違を示すものが少なくない。dキョクタンな例をいま一つあげると、オーストラリアの原住民の中で、ワニと自分らとはeソセンを共有すると考えている部族がある。[B]、ワニと人間とを同じワクの中にいれて考えることがある。われわれがこれをとんでもないこととするのは、ワニはワニ、人間は人間として全く別の、かかわりのないワクをなすものとして考えているからである。

4 意味についても、文化がちがえば思わぬちがいがあるものである。[C]ヨメ、分家、神、先輩などのもつ特殊な意味合いを、のこりなく英語に翻訳することができるであろうか。日本でサクラは古来和歌にうたわれ、酒宴の気分と合体し、花は桜木、と*徳の象徴とされてきた。日本人の間でサクラときけば、何がしかのそれにつながる歴史的な風情とでもいえるものを呼びおこされる。[2]ワシントンの河岸に咲きほこる同じ木の花を、アメリカの人がサクラと呼んでも、かれらにあってはわれわれの場合と格段の差があるはずである。これはわかり易い一例であるが、一定の社会の多数のことばには、多かれ少なかれこのような性質がある。

問一 傍線部a～eのカタカナの部分を漢字に直せ。

a [　] b [　] c [　] d [　] e [　]

問二 空欄[A]～[C]に入れるのに最も適当なものを、次の中からそれぞれ一つずつ選び、記号で答えよ。ただし同じものを二度用いてはいけない。

イ たとえ　ロ したがって　ハ たとえば　ニ なるほど

A [　] B [　] C [　]

第二問

問三 傍線部1「この方」の指示内容を、本文中の言葉を用いて三十字以内で記せ。

問四 空欄 甲 に入れるのに最も適当なものを次の中から一つ選び、記号で答えよ。

イ ことばは便宜《べんぎ》的なもので、信頼に足るものではないことを教えられる
ロ 個別のウシを指し示す、真の具体的ことばなど存在しえないことを教えられる
ハ より細かな区分を持つことばへと、向かうべきことを教えられる
ニ 思考と習得することばとが、密接な関係にあることを教えられる
ホ 抽象的意味世界のあり方において、文明社会と未開社会の差異がないことを教えられる

問五 傍線部2「ワシントンの河岸に咲きほこる同じ木の花を、アメリカの人がサクラと呼んでも、かれらにあってはわれわれの場合と格段の差があるはずである」とあるが、それはなぜか。次の中から最も適当なものを一つ選び、記号で答えよ。

イ サクラということばは同じでも、異なる気候風土が木や花の姿を違うものにしてしまったから。

ロ　同じ木を同じことばで呼んでも、歴史や文化の培ったことばの意味合いには大きな違いが生じるから。

ハ　サクラということばで呼ばれる植物自体が異なるため、物の見方に異質な枠組みが生じているから。

ニ　同じ木を同じことばで呼び、意味まで統一しても、花見の習慣の統一まではまだ達成されていないから。

ホ　サクラということばは同じでも、それが組みこまれている言語体系には文法や発音など大きな違いがあるから。

問六　本文の内容に合致するものを、次の中から一つ選び、記号で答えよ。

イ　オーストラリアの原住民は、ワニと人間を同じ仲間と考えるほど非理性的であり、文明化は難しい。

ロ　タスマニア人は「木」にあたることばこそ持たないが、われわれと同様の「木」という抽象的な概念は持っている。

ハ　一匹の白い牛を見る見方は、「白いウシ」を指すことばを持つズールー族の方が、それを持たないわれわれより正確である。

ニ　チェロキー族は洗うことに関して、われわれと異なる抽象の意味世界をもち、現実の把握の仕方も異なっている。

ホ　文化の違いに応じてものの見方は異なるのだから、科学の世界の斉一化した事象の区分はまちがっている。

語句の意味

珍奇《ちんき》（ℓ25）珍しくて変わっていること。
徴標《ちょうひょう》（ℓ26）他と区別される特性・性質
斉一《せいいつ》（ℓ27）どれも皆一様であること。統一されていること。
顕著《けんちょ》**な**（ℓ29）際だって目につく。はっきりとわかる。
徳《とく》（ℓ38）長所・美点。一般に「道徳的に評価される人格や行い」を意味する場合が多いが、ここでは直前の「花は桜木」が「花では桜がすぐれている」という意味になっているので、「長所・美点」と解釈する。「恵み」「天性の能力」などの意味もある。

現代文のキーワード

抽象（ちゅうしょう）・具体（ぐたい）

「具体」とは**「現実にはっきりした形や内容をもつ物事の様子」**を意味する。たとえば「もっと具体的に話しなさい」といった場合、「どういう事態なのか現実的にはっきりと述べるか、あるいは内容をわかりやすく伝えなさい」という意味になる。

それに対して**「抽象」**は**「現実の個々のさまざまな物事から共通要素を抜き出し、一般化してまとめあげること」**である。たとえば「抽象画」とは、はっきり目にみえる（具体的な）現実をそのまま描くのではなく、現実の物事を構成する共通要素である線や点や色彩を、純粋に取り出して表現した絵画のことである。

もっと簡単な例として、花が咲き乱れる光景に心うたれた時のことを考えてみよう。この時、一輪一輪の花は、それぞれに明確な形をもつ「具体的」な花である。だが、それに感動し、目の前のさまざまな花に共通に感じとれるものを、心の中で一般化して「美」としてまとめあげたとすれば、この「美」が「抽象的」な**「概念」**（p123のキーワード）であり、共通要素を「美」としてまとめあげる働きが「抽象する」ということなのである。

「具体的」＝「わかりやすい」⇔「抽象的」＝「わかりにくい」と単純にとらえている諸君が多いが、**「具体的＝現実的・明確な」⇔「抽象的＝一般的・観念的」**という意味は最低限おさえること。この対極的なイメージが把握できれば「具体化」とは「一般的なことを現実的に明確にすること」であり、逆に「抽象化」は「現実のできごとや事物から共通の一般的性質を取り出してまとめあげること」であることも理解できるはずだ。

本文の解説

この文章は、具体例が多いので、**多彩な具体例とそれをまとめた筆者の一般的な見解との対応に注意して読み進めよう**〈読解へのアクセス⑤〉。

● 1 **タスマニア島人、ズールー族、チェロキー族のことば**

タスマニア島人やズールー族やチェロキー族には、「木」「ウシ」「洗う」ということばがなく、「ゴムの木」「赤いウシ」など個別の種類に応じたことばがあるという具体例が示されている。

● 2・3 **ものの見方の違い、思考の違い**

これをより一般化・抽象化した見解に結びつけていくのが2・3である。かつてこうした事例は、彼ら「未開社会」の人々に物事を抽象する能力がない証拠として扱われてきた。

しかしp65のキーワードで述べた通り、**「抽象」とは、現実の個々のできごとから〈共通要素を抜きだし、一般化してまとめあげる〉ことである。**したがって「木」や「ウシ」が、個々の木やウシの種類を一般化してまとめた「抽象的」なことばであるように、「赤いウシ」や「ゴムの木」も「抽象的」なことばであることに変わりはない。なぜなら、「赤いウシ」にも大きなウシ、小さなウシ、元気なウシ、年老いたウシなどいろいろあるはずだし、ゴムの木も高いものや低いものやいろいろなものがあるはずだからだ。

つまり「赤いウシ」や「ゴムの木」ということばは、一見「具体的」なことばに見えるが、実は現実にいるさまざまな赤い牛やさまざまなゴムの木の共通要素だけを、ひとくくりにまとめて総称した「抽象的」ことばであり、やはり**彼らにも彼らなりの「抽象」の意味世界は存在する**のである。そして「ウシ」ということばを持つわれわれと、それを持たない彼らとでは、当然「ウシ」を見るワクが異なるわけだから、同じ一匹の牛を見る心のあり方にも違いが生じるはずなのである。つまり、**ことばの違いは、そのまま物の見方の違い、**

思考の違いとなるのだ。

科学的な区分・分類は民族や国境を越えて統一されているが、それにもとづいて文化の世界での区分・分類も統一されていると考えるのはまちがいである。すでに述べた通り、事物・事象の分類は、それぞれの文化によって一様ではない。それはワニと人間を同じワクでとらえる人々と、それをまったく別のワクでとらえるわれわれとの違いに明らかである。

● 4 日本人の「サクラ」とアメリカ人の「サクラ」

ここでは、文化に応じてことばの意味に違いが生じる例として「サクラ」が紹介されている。日本のサクラとアメリカのサクラは植物の分類としては同じ木である。しかし、長い歴史的由来をもち、歌や花見の習慣によって独特の風情をこめた日本人にとっての「サクラ」ということばの意味と、アメリカ人にとっての「サクラ」ということばの意味は異なる。ことばには多かれ少なかれこうした性質があるのである。

● まとめ

以上が本文の内容だが、もう一度、簡単に整理しておこう。

〈具体〉 タスマニア島人・ズールー族・チェロキー族などの例

〈正しいまとめ〉
○文化によって事物や事象の区分・分類（物事を見るワク）は異なる

〈まちがったまとめ〉
×彼らは未開人で物事を抽象する能力に欠けている

〈具体〉 サクラの例

〈まとめ〉 同じことばの意味も文化によって異なる

この文章は**〈文化によってものの見方や意味が異なる〉ことを指摘したもの**である。本文中でさまざまな未開民族の話が出てきたが、これらはあくまで〈ものの見方〉の違いの例として紹介されたものであり、どちらの文化が優れているとか、どちらの見方が正しいというような話ではない。筆者が[2]で〈未開人＝抽象化能力の欠如〉という見方を否定したように、むしろ同じ価値基準で多様な文化の優劣を決めつける発想を拒絶していることに注意してもらいたい。**読解へのアクセス③**で述べたように、〈未開人・原住民＝劣っている〉という**先入観で文章を読むと失敗するの**で注意しよう。

★解答・解説21ページ

第二問

第三問　次の文章を読んで、後の問に答えよ。

1　東京や大阪といった日本の大都市が、世界的に見ても清潔で安全な街であることは誰もが認めている。しかし、1そこに生活する人々の顔に、経済大国に見合った豊かさを*享受するという、*悠揚とした落ち着きは感じられない。また、それら生活関連の*ユーティリティの充実が、少なくともイギリスでは、すでに一世紀半も前に着手され、今世紀初頭にはほぼ完成していたことを考えれば、日本の近代化が民びとの暮らしを*埒外《らちがい》に置いて進められてきたことは明らかだ。いや、ことは国家の問題ばかりでなく、それを許してきたわれわれ個人の問題としても捉え直さなければならないということだろう。

2　ヨーロッパの近代的精神を終始一貫して支え、かつa*タイゲンしてきたのは個としての人間であった。人間が個として自立することによって、★合理主義も、またそれにもとづく科学技術の形成も可能となった。そして、そうした個人を根底で支持していたのが、*一神教的な色彩のきわめてbノウコウな★「理性」であった。理性こそが人間を人間たらしめている所以《ゆえん》であり、絶対に誤りを犯すことのない*無謬性をもつものと考えられたのである。しかし、理性をあまりにも中心に置きすぎたために、かえって2窮屈な状況を*招来したことも事実である。いわゆる超常現象や心霊現象など科学的に説明できない現象を排除したり、伝統や慣習など非

〔出典〕
山本雅男《やまもとまさお》
『イギリスの訓《おし》え』

〔著者出題歴〕
・立教大学
・法政大学
・日本女子大学

合理な要素の多いものを後景に追いやったりするのは、その一例である。だが、それは明らかに理性の横暴であり、[c]エッケン*である。近代の合理主義、もっと言うなら、★近代という時代そのものには大いなる行きすぎがあった。帝国主義*や社会主義による国家の膨張も、科学技術の急伸による地球環境の抑圧*も、行きすぎの一半をなしている。じつは、同じように個人も行きすぎの憂き目*にあっていると思われる節*がある。

[3] ロンドンは公園の多い街である。数が多いだけではない。それぞれがひじょうに広々としている。公共空間の一人あたりの面積が東京の約十倍という数字もあるくらいなのである。それはともかく、子供たちが公園に遊ぶ様子はどこも同じだが、老人の孤独そうな姿をそちこちに見かけるのは日本と違っている。大きな木製のベンチにぽつんと腰かけ、近づいてくるハトやリスに皺くちゃになった紙袋からパン屑《くず》などをやる光景は、ほのぼのとしている反面、どこか寂しげでもある。核家族が当たり前になっているイギリスでは、二世代・三世代が一緒に住むことは稀《まれ》であり、また、老人同士がゲート・ボールなどして打ち興じることもあまり見ない。ヨーロッパにおいて、孤独が哲学的にも、日常倫理*的にも[d]シンケンでかつ永いあいだのテーマとなってきたのは、けっして故なきことではない。かれらは、子供の頃から、毎日の生活のなかで、それをしっかり受けとめ、噛《か》みしめているのである。子供や老人といった社会的弱者が家族のなかで手厚く護《まも》られ

ている日本とはわけが違うのである。だがその一方で、公園でときを過ごす老人たちには、おそらく、そうした*陰鬱《いんうつ》な想いはないにちがいない。そもそものはじめから、依《よ》る*すべを他者に求めていないからだ。そしてなによりも、生きる自由をまず第一に考えているからである。

[4] 3アメリカやヨーロッパをよく知る人々が日本にいて感じる窮屈さ、当地に行って感じる解放感は、そうした個人の自由と関わりがある。それを同一性のなかの不快、多様性のなかの安らぎと表現してもよい。その意味で、個はまさに多様性の*象徴なのである。街の eザットウに出るたび、よくぞ神は*委曲をつくし、人の姿・形をかくも多彩に作りしものよと感じ入る。それなのに、一皮むけば、いつまでたっても同質社会と言われ、それに*満更でもない感情をもつのはどうしてなのだろうか。同質であることを強いる、眼に見えず張りめぐらされた網が、不自由さを生み出している。とはいうものの、行きすぎた*自律によって人間同士が*紐帯《ちゅうたい》を失った個人に、今の日本人が耐えていかれるとも思えない。家族や*共同体といった人間の絆《きずな》を維持しつつ個人の自律と自由を拡大するような、ヨーロッパ近代型のモデルとは異なる、われわれ独自の*座標軸を*模索する必要があるだろう。

[5] イギリスは、かつては大英帝国と言われ、物資が*巷《ちまた》に溢れた時期があったものの、いまではそれも色褪せている。だが、人々の堅実で質素な暮らしのなかには豊潤な奥行きの深さが感じられる。それは、多様性に対する許容と自分自身への

第三問

頑固なまでの自信が暮らしに現れているからだ。豊かな暮らしとは、物の豊富さを物質的な条件としながらも、それだけで*事足りるものではない。目先のきらびやかな物の多様さに眼を奪われ、己が自身、個人の内面に眼が注がれないとしたら、いつまでも不思議は解消されないだろう。たしかに日本は後発の成金かもしれない。街には成上がりを擽《くすぐ》る仕掛けが溢れている。だが、もうそろそろ4*虚飾に惑わされない実質の価値を見出してもよいころ合いだろう。イギリス人の生活は、いまなお、いや今後も当分のあいだ、われわれの手本となるに違いない。

問一 傍線部a～eのカタカナを漢字に改めよ。

a [ ]　b [ ]　c [ ]　d [ ]　e [ ]

問二 傍線部1「そこに生活する人々の顔に……感じられない」とあるが、このような見方の前提には、筆者のどのような考えがあるのか。それを説明したものとして最も適当なものを、次の中から一つ選び、記号で答えよ。

イ　日本の近代化がイギリスに比べ一世紀以上遅れているという事実からもわかるように、日本の近代はヨーロッパ近代を乗り越えられない、という考え。

ロ　古い習慣など非合理的な要素が理性の伸長を阻害してきた社会において、個人の自立を確立するためには、伝統的な共同体を解体していくしかない、という考え。

ハ　日本の近代化が個人の暮らしを無視して進められたことを反省し、連帯を必要としない自立した個を尊重する、西欧近代的な生き方を実現すべきだ、という考え。

ニ　人間を人間たらしめるものが理性であることは疑いないが、理性をあまりにも重視することは、かえって窮屈な状況をもたらすことになる、という考え。

ホ　いくら物質的に豊かになっても、個人を尊重しその多様性を受け容れようとする態度が身につかなければ、自信を持って生きることは難しい、という考え。

問三　傍線部2「窮屈な状況」にあてはまらないものを、次の中から一つ選び、記号で答えよ。

イ　近代の人間があらゆる事象を合理的に説明しようとするようになったこと。

ロ　科学技術の急速な進歩が、地球環境に重大な影響を与えるようになったこと。

ハ　個人の自立が求められるあまり、人間同士のつながりが希薄になったこと。

ニ　ヨーロッパを知る人びとが、日本の社会で不快感を感じるようになったこと。

ホ　西欧の老人たちの生き方が、どこか孤独で寂しげに見えるようなものになったこと。

問四　傍線部３「アメリカやヨーロッパをよく知る人々が日本にいて感じる窮屈さ」とあるが、このような「窮屈さ」が感じられるのは、日本の社会がどのような社会だからか。本文中の言葉を使って二十字以内で答えよ。

問五　傍線部４「虚飾に惑わされない実質の価値」を見出すために、筆者は、われわれ日本人がどうするべきだと考えているか。それが述べられている一文を本文中から抜き出し、その最初の五字を答えよ。

語句の意味

享受《きょうじゅ》（ℓ3）受けいれ、味わうこと。
悠揚《ゆうよう》（ℓ3）ゆったりとして落ち着きのあるさま。
ユーティリティ（ℓ4）実用性。役に立つこと。
埒外《らちがい》（ℓ6）一定の範囲の外側。
「埒」はもともと、馬場の周囲に設けた柵のこと。
体現《たいげん》（ℓ9）具体的に現すこと。
一神教《いっしんきょう》（ℓ12）ただ一つの神のみを神と認め、それを信仰する宗教。ここでは、おもにユダヤ、キリスト教のことを指していると考えられる。
無謬《むびゅう》（ℓ14）まちがいのないさま。「謬」は「誤謬」などの語を作る字で、あやまち、まちがいの意味。
招来《しょうらい》（ℓ15）事態や結果を招くこと。
越権《えっけん》（ℓ18）本来の権限を越えて、他の権利や範囲を侵すこと。
帝国《ていこく》**主義**（ℓ19）一つの国家が、他の民族や国家を支配し、強大な国家を作ろうとする運動。十九世紀から二十世紀前半にかけてのヨーロッパ諸国に、とくに顕著に見られた。
抑圧《よくあつ》（ℓ20）おさえつけること。
憂《う》**き目**《め》（ℓ21）つらい経験。普通、「憂き目を見る」「憂き目にあう」というふうに使う。
節《ふし》（ℓ22）物事の部分・箇所・ある点。
（例）「彼の言動には疑わしい節がある」
倫理《りんり》（ℓ31）人として守るべき道。道徳。
陰鬱《いんうつ》（ℓ36）気分が晴れないさま。

すべ（ℓ37）手だて。手段。方法。
（例）「なすすべがない」
象徴《しょうちょう》（ℓ42）わかりにくいものや抽象的なものをわかりやすいものや具体的なものによって表すこと。
（例）「ハトは平和の象徴」
委曲《いきょく》（ℓ42）くわしく細かなこと。詳細。
満更《まんざら》**でもない**（ℓ44）まったくだめだというわけでもない（むしろ、かなり良いという意味）。
自律《じりつ》（ℓ46）外部の力に縛られず、自分で自分の立てた規範にしたがって行動すること。
紐帯《ちゅうたい》（ℓ47）物や人をつなぐきずな。とくに、社会的に人と人とをつなぐもの（地縁・血縁など）を指すことが多い。
「紐」はひも、「帯」はおびの意味。
共同体《きょうどうたい》（ℓ47）現代評論では、家族や村落などの伝統的な共同社会を指すのが普通。共同体を構成する人々が強く結びついているのが特徴だが、反面、因襲などに縛られ閉鎖的であるという傾向を持つものとして、否定的に捉えられる場合がしばしばある。
座標軸《ざひょうじく》（ℓ49）座標を定めるための基準となる直線。転じて、物事の基準となるもの。
模索《もさく》（ℓ49）あれこれ試みながら（手さぐりで）探すこと。
巷《ちまた》（ℓ50）世間。
事足《ことた》**りる**（ℓ54）間に合う。充分である。
虚飾《きょしょく》（ℓ57）うわべだけの飾り。みえ。

現代文のキーワード

理性（りせい）・**合理主義**（ごうりしゅぎ）

「理性」とは、**〈物事について道理にもとづいて冷静に考えたり判断したりする能力〉**、**「合理」**とは、**〈理に適《かな》っていること・人間の理性で納得できること〉**をいう。

「理性」や「合理主義」の「理」という字は訓読みでは「ことわり」と読み、ものの道理や筋道のことを意味する。古来より、理性の有無が人間と動物を区別するものとされており、**「理性」**という語は**「感情」「本能」などの語と対照的な意味で使われる**のが普通である。「感情」や「本能」は、論理的に説明できない曖昧なものであり、動物的ともいえる心の動きや心身の反応のこと。それに対して「理性」は、一時の感情に左右されず、物事を論理的かつ冷静に考え、判断を下すものなのだ。

また、「合理的」というとムダなく能率的なさまをイメージする人が多いと思うが、物事を道理や理論に適うように行うからこそ、結果的に能率的になるのだ。したがって**「合理主義」**とは、**すべての物事について論理や理性を優先させていこうとする考え方**を指すことになる。「合理主義」が力を持ちはじめたのは、十七・八世紀以降の「近代」ヨーロッパ。したがって、この言葉は、**「近代合理主義」**とか「西欧合理主義」とかいった使われ方をすることが多い。近代の「合理主義」は、人々の世界観にも多大な影響を与えた。その結果、**「近代」**（p78のキーワード）では、宗教的なものや伝統的な慣習などが非合理であるとして否定され、理屈で説明できる科学的なものだけが価値を持つという傾向が生まれるようになったのだ。

本文の筆者はこのような傾向を批判しているのだが(2)、この文章に限らず現代評論では、近代の合理主義が批判的に捉えられることが多い。たしかに「理性」は人間を無知や迷信から目覚めさせるが、現実世界には理屈では割り切れないものもあり、すべてを論理だけで割り切ろうとするのは柔軟な思考を妨げる。このような理由で、合理主義はその一面性を指摘されやすいのだ。

現代文のキーワード

近代《きんだい》

人間中心主義（ヒューマニズム）や個人の自由を特色とする時代、または合理主義的精神にもとづく科学技術や資本主義の浸透を特色とする時代。

近代以前、つまり中世などの時代には、人々は、この世でいちばんエライのは神様や絶対者であり、自分たち人間はちっぽけで無力なものだと思っていた。ところが、ルネサンスのころから、この世でいちばんエライのはひとりひとりの「人間」である、という**人間中心主義**が台頭してくる。この人間中心主義の理念に支えられた時代が「近代」であり、そこでは、**「理性」**や**「主体性」**を持った**「個人」**というものが重視されることになる。ひとりひとりの人間がしっかりと**「自我」**（p47のキーワード）を確立させ、「個性」を伸ばしていくことが良いとされるようになったのだ。こうした「個」を尊重する「近代」的な考え方を、**「個人主義」**と呼んだりもする。本文の筆者は、イギリスではこの個人主義が確立しているから人間が自立して自由に生きていると指摘する一方、個人主義の行きすぎは人間同士の紐帯を失わせる（ℓ46）とも述べている。

現代評論においては、私たちが当然だと思って受け容れている「近代」的なものが実は人類史上においては特殊なものにすぎないと指摘するなど、「近代」を批判的に捉えた文章が多い。また、「近代」はもともと西欧で生まれたものであるため、日本には本当の意味での「近代」的なものが根づかなかったという論も、よく見受けられる。

なお、「近代」のはじまりの時期だが、日本史においては明治維新以降を「近代」と呼ぶのが一般的である。だが、西欧の場合は曖昧である。ルネサンス以降の「人間中心主義」の時代が「近代」だと幅広く捉える論者もいれば、「理性」にもとづく**合理主義**（p77のキーワード）や科学技術によって世界を支配しようとした時代、さらには資本主義の浸透を特色とした時代と狭く捉えて、18、19世紀の産業革命期以降が「近代」と考える人もいる。また、「現代」を「近代」の延長と捉える論者もいれば「現代」と「近代」とを明確に区別する論者もいる。

いる。いずれにせよ、それぞれの本文の筆者が「近代」をどのような時代と見なしているかを読み取ることが大切だろう。

本文の解説

この文章は、日本と西欧のあり方について比較している。したがって、読解へのアクセス②にあったように**対比関係に注意**して読めばいいのだが、今回の本文はこれまでのものよりもやや難しく、単純な対比の図式に当てはまらない部分もある。またこの文章のキーワードに掲げた**「理性」**や**「近代」**といった言葉の意味を知っていないと内容がわかりにくい。そのあたりに注意しながら、本文の内容を追ってみよう。

● 1 現代の日本のあり方が批判されている部分。

筆者によれば、現代の日本人には、精神的な「落ち着き」が見られない。それは、「日本の近代化が民びとの暮らしを埒外に置いて進められてきた」からだという。

● 2・3 ヨーロッパ近代のあり方について説明されている部分。

ヨーロッパ近代の精神を支えていたのは「個としての人間」という概念であった。そして、その「個人」を個人たらしめているものとして「理性」が重視され、その結果「合理主義」や「科学技術」が力を持つことになったのだ（p77のキーワード）。

ところが、そのような「理性」や「合理主義」を重視しすぎたため、「窮屈な状況」＝「理性の横暴であり、越権」＝「大いなる行きすぎ」が生じた。それは具体的には、非科学的・非合理的とされるものを排除してしまう傾向や、帝国主義や社会主義による国家の膨張、地球環境の抑圧というかたちで現れているのである（以上2）。

また、右のような「理性の横暴」や「越権」がもたらしたものは、ヨーロッパの老人たちの姿にも現れている。「理性」やそれに支えられた「個人」というものが重視されれば、当然、人間は伝統的な共同体を離れ、「個」として自立して生きることを強いられる。その結果、イギリスなどでは「核家族が当たり前」になり、老人は、どこか寂しげに見えるような生を送らざるをえなくなったのだ。

しかしここで注意してほしいのは、筆者が、そのような孤独に見える老人たちについて、彼ら自身には「陰鬱な想いはないにちがいない」と言っている点である。その理由は、ヨーロッパの老人たちが「依るすべを他者に求めていない」からであり、彼らが「生きる自由をまず第一に考えているから」なのだ（以上③）。

つまり、筆者は、ヨーロッパ近代において「理性」が重視されているということを述べ、そのことがプラス、マイナス二つの方向の結果を招いたと指摘しているのだ。プラスの方向とは、人々に自立した生き方と生きる自由が与えられたということであり（③最後）、マイナスの方向とは、科学技術を過剰に重視する傾向など（②）や、老人が孤独な生活を強いられているかに見える傾向などが生じたということ（③）なのである。

④・⑤ これからの日本の方向性について述べられた部分。

人々が自立し、しかも自由に生きているヨーロッパに比べ、日本の社会では、「窮屈さ」（ℓ39）や「不自由さ」（ℓ45）が感じられることが多い。それは、日本の社会が人々に「同質であることを強いる」からなのだ（ℓ45）。それとは対照的に、ヨーロッパでは、「個」の「多様性」が認められている。だからこそ、ヨーロッパでは「解放感」が感じられ、個人の「自由」が保障されているのである。筆者は、このような日本と西欧との違いを、「同一性のなかの不快（＝日本の社会から感じられるもの）、多様性のなかの安らぎ（＝ヨーロッパの社会から感じられるもの）」と言い表しているのだ（ℓ40）。

したがって、最終的に筆者は、ヨーロッパ（イギリス）の社会に問題点を認めながらも、日本はヨーロッパから見習うべき部分が多いと主張している。「多様性に対する許容と自分自身への頑固なまでの自信」（ℓ52）がなければ、いくら物質的に恵まれた生活をしたとしても、それは「虚飾」にすぎないというのが筆者の意見だ。ただし、たんにヨーロッパのあり方をまねるだけではいけない。なぜなら、ヨーロッパのような「行きすぎた自律」に、日本人が耐えられそうもないからである（ℓ46）。そこで筆者は、「ヨーロッパ近代型のモデルとは異なる、われわれ独自の座標軸を模索する必要があるだろう」と結論づけている（ℓ48）。そして、そのような「独自の座標軸」の「模索」が、「虚飾に惑わされない実質の価値」を見出すことにもなる、と筆者は考えているのだ。

以上が本文の内容だが、重要なのは、**本文の部分部分にこだわりすぎず、本文の全体構造を意識する**（**読解へのアクセス①**）ということである。そこで、本文全体を次のページのように図式化して整理してみよう。

第三問

○ヨーロッパ（イギリス）近代
・「理性」の重視
・人間を「自立した個」と見なす
・合理主義と科学技術が重んじられる

A　良い面
・個人の自立と自由が確立している
・多様性に対する許容
・自分自身への自信

B　悪い面
・窮屈な状況
・理性の横暴
・近代の行きすぎ

↕

○日本
・民びとの暮らしを埒外に置いた近代化

A　良い面
・清潔で安全な街
・物の豊富さ

B　悪い面
・人々に精神的な落ち着きがない
・人々に同一性を強いることによる窮屈さ
・虚飾に惑わされ、個人の内面に眼が向かない

→ ◆独自の座標軸を模索するべきだ

そして「独自の座標軸を模索する」とは、たんなるヨーロッパのまねにとどまらないこと、つまり、「家族や共同体といった人間の絆を維持しつつ（＝日本の伝統的な共同体のあり方

を捨てることなく)個人の自律と自由を拡大する(=ヨーロッパ近代のあり方を学ぶ)」という方向を探るということなのである。

最後に、本文から次のポイントを読みとれたかどうかを、自分なりにチェックしてみてほしい。

・ヨーロッパ近代と日本が対比されているという点
・筆者が、ヨーロッパ近代について、肯定的な評価と否定的な評価とをしているという点
・そのうえで、筆者がヨーロッパには見習うべきところがあると述べている点

普通、このように対比関係を軸にした文章の場合、対比された片方の概念を否定し、もう片方を肯定するという場合が多い。しかし、この文章では、ヨーロッパ近代というものが肯定されてもいるし否定されてもいる。その点がしっかり読みとれたかどうかが、設問に正解できるかどうかの分かれ目にもなるだろう。

★解答・解説26ページ

第三問

第四問　次の文章を読んで、後の問に答えよ。

1　望遠鏡の発明は、宇宙の世界を知るうえで、実にａカッキテキな出来事だった。

2　確かに、ガリレオ（注）以前の占星術師*も、正確な距離を計測するための照準儀や、角度をただしく測るための四分儀などの計測器を利用していた。けれども、それらはあくまでも人間の視覚能力を補うための道具なのであって、観測は人間自身の能力にゆだねられていた。つまり観測は万人のものではなく、能力を授かった特殊な人の行う特別な営みだったのである。

3　しかし、望遠鏡の出現は事態を一変させてしまった。望遠鏡を天に向けたとき、特殊な能力を備えた者にも見えなかった天体の詳細な姿が、望遠鏡の機能によって目の前に現れたのだ。天体のこの詳細な像は、肉眼では誰一人として見ることができず、望遠鏡をｂノゾけば誰にでも見ることができたのだった。

4　望遠鏡は、見る者と対象との距離を近づける効用を、等しく私たちに提供してくれた。と同時に、望遠鏡は対象から観測者を遠ざけてしまった。望遠鏡が観測者を押しのけて、観測の主役に躍り出ることになった。観測者（主体）と対象（客体）との分離を科学者が自覚したときから、科学は独自の道を歩むようになったのである。①

5　今世紀初頭の偉大な科学者であり科学思想家であったシュレーディンガー（注）は、

〔出典〕
中村量空《なかむらりょうくう》
『複雑系の意匠』

〔著者出題歴〕
・大阪府立大学
・龍谷大学

第四問

[1]科学的方法を基礎づける二つの原理*について論じている。すなわち、★「客観化の原理」と「理解可能性の原理」である。②

6 科学的な知識に基づいたものであるにもかかわらず、得られた知識の体系から、感覚的な性質（主観）はすべて除外される。これが科学的世界像の特徴なのである。望遠鏡に始まる種々の観測装置の導入は、この「客観化の原理」を観測者に実感させる[c]ケイキとなった。観測装置の助けを得て科学者が手にしたのは、観察し理解したいと願う私（主体）を、観察対象から分離することによって願いをかなえるという、実に[d]*コウミョウな方法だった。その成果は、[2]占星術師の予言よりも正確で、主観を除外するという手法のゆえに、万人に共有されるはずのものであった。③ ガリレオが星界の詳細を見たその最初の感動は、宇宙の世界像の確立とともに失われてゆくのである。

7 イタリアの詩人ダンテ(注)は、ルネサンス*がまさに花開く十四世紀初頭に、[e]ソウダイな詩篇『神曲』を完成させた。『神曲』の中でダンテが想像した宇宙は、およそ「客観的なもの」ではなかった。④ それは、キリスト教の教義にしたがった宗教的な宇宙である。善悪の教義にそって、ダンテの宇宙では、地獄が地底深く沈み、天国が天空高く浮かんでいる。罪深い人間が、苦悩から解き放たれて、神の愛に包まれたいと願うなら、恒星天のさらに高みにある至上天まで昇らなければならない、とダンテは考えた。

8 ガリレオ以降の人たちは、3宇宙の世界に聖域を見出すことができなくなってしまった。世界の調和は、神の業《わざ》ではなく、自然界の力学的な法則の現れにすぎないと考えられるようになった。つまり、力学的な法則は、必要最小限の原因によって説明されるという、ただそれだけのことである。⑤「仮説はつくらぬ」と宣言したニュートン(注)にとって、天体の世界の神は不要な仮説にすぎず、万有引力の法則こそが、必要最小限の原因なのであった。

9 神と聖域は、それを感得する人間と不可分である。だが、観測装置が主役に躍《おど》り出て、観測者としての人間は、脇役へと後退してしまった。その結果、それまで人間が感じ取っていたさまざまな現象が、より詳細に理解できるようになり、人間の感覚はますます軽視されるようになった。

10 このような人間の主観の排除が、科学の進歩を促《うなが》したのである。人間の幸福を目ざした科学の構築が、幸福を感じる人間の感性の排除によって実現されるというのは、実に皮肉なことだった。

(注)○ガリレオ……一六世紀から一七世紀にかけてのイタリアの天文学者・物理学者。望遠鏡による天体研究で有名。
○シュレーディンガー……オーストリアの理論物理学者。
○ダンテ……一三世紀から一四世紀にかけてのイタリアの詩人。
○ニュートン……イギリスの物理学者・数学者・天文学者。

第四問

問一 傍線部a〜eのカタカナを漢字に改めよ。

a

b

c

d

e

問二 次の一文を入れる箇所として最も適当なものを、本文中の①〜⑤の中から一つ選び、記号で答えよ。

「客観化の原理」は、見る者の主観をすべて排除する。

問三 傍線部1「科学的方法」とあるが、それは具体的にいうとどのような方法か。本文中の表現を用いて四十字以内で答えよ。

問四 傍線部2「占星術師の予言」とあるが、「占星術師」に関する説明として、最も適当なものを、次の中から一つ選び、記号で答えよ。

イ 科学が未発達だった時代に、唯一、天体の詳細な動きを正確に見ることができた人間。

ロ 特別な才能をもっており、ある程度の装置を駆使しながら星を観測していた人間。

ハ　他の誰にも見ることのできない宇宙の仕組みを、肉眼で捉えることのできた人間。

ニ　星の動きの精細な観察は怠っていたが、人並みはずれた直感で予言をしていた人間。

ホ　神の声をききとどけ、科学では説明できない人間の未来を言い当てることができた人間。

問五　傍線部3「宇宙の世界に聖域を見出すことができなくなってしまった」とあるが、ここでの「聖域」とはどのようなものか。その説明として最も適当なものを、次の中から一つ選び、記号で答えよ。

イ　科学的な知識では説明できず、人々が主観的に感じとるしかない領域。

ロ　人間の合理的な仮説によって作られた、宇宙の調和を象徴する領域。

ハ　神の存在と結びついて、人間世界に秩序をもたらす源となる領域。

ニ　苦悩から解き放たれたいと願う人間が、神の恩寵《おんちょう》のもと安息できる領域。

ホ　かつての人間であれば、誰でもたどりつくことのできた穢《けが》れなき領域。

問六　本文の主旨に合致しないものを、次の中から一つ選び、記号で答えよ。

イ　ニュートンは、自然界の法則はすべて必要最小限の原因によって解明できると考えた。

ロ　科学は、人間が主体と客体を切り離して考える方法を確立したことによって進歩した。
ハ　科学の進歩への反動によって、今日、人間の感覚を重視する風潮が強まっている。
ニ　ダンテにとっての宇宙とは、科学的に捉えられることのない宗教的な世界だった。
ホ　ガリレオに感動をもたらした望遠鏡の観測は、他方で、人間の感覚の排除を促した。

語句の意味

占星術師《せんせいじゅつし》（ℓ2）惑星運行と星座位置から運命を占う人。

原理《げんり》（ℓ17）根本の法則。

契機《けいき》（ℓ22）きっかけ。物事の発生や変化の動因。

巧妙《こうみょう》（ℓ24）すぐれて、たくみなさま。

ルネサンス（ℓ28）再生。文芸復興。一四〜一六世紀にかけて、イタリアを中心にヨーロッパ各地に興《おこ》った政治、文化、芸術の諸分野にわたる革新的な思潮と運動。

聖域《せいいき》（ℓ35）サンクチュアリ。神聖な場所。

力学《りきがく》（ℓ36）物体に働く力と運動の関係を研究する物理学。古典力学はニュートンによって確立。

仮説《かせつ》（ℓ38）キーワード（p57）参照。

万有引力の法則《ばんゆういんりょくのほうそく》（ℓ39）ニュートンによって発見された物理法則。

皮肉《ひにく》（ℓ47）アイロニー、イロニー。風刺。あてこすり。遠まわしに意地悪くいうこと。

現代文のキーワード

客観（きゃっかん）

いつだれが見てもそうだと認められる性質。

対義語は「**主観**」。自分の考えを「**主観**」といい、自分の考えを離れて、誰にとっても納得できる考えを「**客観**」という。自分一人の考えは他人に通用するとは限らないし、時には自分勝手なものになりがちだから、複数の他人が集まる公的な場では客観的であることが求められるし、多くの子どもたちが学習する教科書では当然、客観性が重視される。だが、「客観」性を重視するあまり、時として人間の主体性との関わりが軽視される場合がある。実際、現代評論では、**近代**（p78のキーワード）ひいては現代社会に特徴的な価値として「客観」の問題をとりあげ、これを批判する、という文章も多い。覚えておくとよいだろう。

本文の解説

●1～3 望遠鏡の発明

望遠鏡が発明される以前、天体観測は人間の能力に委ねられていた。占星術師が視覚能力を補うために計測器を用いることはあったが、それも特殊な人が行う特別な営みだった。しかし、望遠鏡の発明によって誰でも天体の詳細な姿を見ることができるようになった。

●4～6 科学的方法を基礎づける二つの原理

望遠鏡が観測の主役になったことで観測者は対象から遠ざけられた。そして、そうした主体と客体の分離こそが科学を発達させるためのきっかけになった。また、その科学は以下のような「二つの原理」によって支えられている。

- **「客観化の原理」**＝得られた知識の体系から感覚的な性質（主観）を除外する。
- **「理解可能性の原理」**＝正確な知識を万人が共有することができる。

ここで重要なのは、二つの原理が密接につながっていることである。世界を観察し理解したいという「願い」は、そう考える人間の主体を除外することによってはじめて「かなえられる」のである。

●7 望遠鏡が発明される以前の宇宙観

世界が「客観的なもの」でなかった時代の人々の考え方を象徴する存在としてダンテの宇宙観が紹介される。キリスト教の教えでは、罪深い人間が苦悩からの解放を願うなら「至上天」まで昇らなければならない。ダンテにとっての宇宙は、そうした神の愛に満ちた「聖域」をもつものだった。

●8～10 科学のもたらした「皮肉」について

筆者は、ここで再び4～6で述べた内容を反復する。「科学的方法」を身につけた「ガリレオ以降の人たち」は、世界の調和を「自然界の力学的な法則の現れ」にすぎないと捉え、その法則を「必要最小限の原因」で説明しようとしてきた。キリスト教の世界にあっては、人々は、神の存在や人間の力の及ばない「聖域」に思いを馳《は》せて、「もし神がいたら……」などと考えていたが、科学の世界にあっては、万有引力の法則を発見したニュートンに代表されるように、そうした信仰に基づく考え方は意味をなさなくなったのである。

しかし、科学は人間が感じ取っていた現象を詳細に説明するかわりに、人間の感覚そのものを排除した。「人間の幸福」を目ざした科学が「幸福を感じる人間の感性の排除」によってしか実現されえなかった事実を、筆者は「皮肉」という。

まとめ

この文章を読み解くうえで、まず重要なのは、望遠鏡が発明される以前と以降で人間の世界観がどのように変わったかという**対比関係をおさえる**（読解へのアクセス②）ことである。

望遠鏡の発明以前……宗教的認識＝主観的な世界
・世界は神によって創造されたものであり、それを信仰する人間の精神の働きによって体験される。

⟷

望遠鏡の発明以降……科学的認識＝客観的な世界
・世界の調和は力学的な法則の現れによって維持され、誰にでも同じように観察できるし、そこで得た知識も万人によって共有される。

しかし、ここで筆者は後者の世界にひとつの問いかけをしている。それは、真実を知りたいとか、幸福になりたいとかいった「願い」は、本来、人間の主観によって感じ取られるはずなのに、科学はそれを排除することによってしか発展できなかったという問題である。本文の最後にある、「人間の幸福を目ざした科学の構築が、幸福を感じる人間の感性の排除によって実現されるというのは、実に皮肉なことだった」という指摘からもわかるように、「主観」と「客観」の関係は、それぞれが別々にあるのではなく、「主観」から出発したことが「客観」にたどりついたり、「客観」を確かなものにしようとして「主観」を排除したり、様々なかたちで結びついたり背反しあったりしているのである。

科学の力によって人間は世界を発展させてきた。それを幸福と考えるか不幸と考えるかは人それぞれに価値観が違うだろう。その意味で、一般には肯定的に捉えられることの多い科学の発展だが、入試に出される科学論の問題では、否定的なニュアンスを含むことがあるので注意しよう。

★解答・解説30ページ

第四問

第五問　次の文章を読んで、後の問に答えよ。

1　「オオカミは、フッと吹いてプッと吹き、プッと吹いてフッと吹き、フッと吹いてプッと吹きました」。『声の文化と文字の文化』を書いたW・オングは、『三匹の子豚』を読んで聞かせるとき、娘にせがまれてこんなふうに読むことにしていた。★テキストに書かれていたのは、「フッと吹いてプッと吹き、フッと吹いてプッと吹き、フッと吹いてプッと吹き」だったのだが。

2　二〇世紀のドイツ語で、おそらくいちばん厳しい詩を書いたパウル・ツェランですら、自作朗読ではテキストから*逸脱することがある。「死はドイツ出身のマイスター」を響かせる有名な詩〈死のフーガ〉の場合、テキストでsinget und spielt（歌って弾け）となっている箇所を、spielt weiter zum Tanz auf（ダンスのバンソウ[a]をつづけろ）と朗読している。私たちは普通、ツェランのような現代詩を「読む」とき、疑問符とピリオドのちがいひとつ見落とさないように、目を皿のようにして文字テキストを追いかける。だが、ツェランの詩の朗読を聞くと、疑問符とピリオドのちがいは*イントネーションだけでは区別できないことが多い。

3　ほかの作家の自作朗読でも、テキストと朗読には、たいてい小さなイドウ[b]がある。たんなるミスなのか、意図的な変更なのか。それはわからないが、「★オリジナル」とは、その程度の曖昧《あいまい》さを許容するものなのかもしれない。さっき私はテ

〔出典〕
丘沢静也《おかざわしずや》
『マンネリズムのすすめ』

〔著者出題歴〕
・福井大学
・神戸大学
・成蹊大学

キストからの逸脱と書いたが、そもそもそういう発想のほうが逸脱しているのかもしれない。

4 本に書かれているテキストでも、読み聞かせるときに変更される。口伝え*の話となると、なおさらだ。受けを狙《ねら》って、語り手は聞き手の顔色を見ながら、話の内容をおもしろおかしく調整していく。伝言ゲームがいい例だが、意図しない場合でも「もとの」話からずれていく。いったいメールヘン*のような口伝えの話は、どうやってオリジナルを確定するのだろうか。

5 私たちは「オリジナル」にこだわりすぎているのかもしれない。

6 現代では、文書による契約のほうが、口約束より偉いとされている。相手にたいする信頼が絶対でないとき、私たちは文書をかわして契約する。文書による契約は、相手を信頼していないという証拠だ。人間は神に誓うとき、文字を介さず、声を出して誓う。信頼関係がしっかりしていれば、口約束で十分なはずだ。といって私は、信頼関係の希薄化*や c ソウシツを嘆いているわけではない。人間は信用のできない動物であるし、記憶力も当てにならない。社会もサイズ*が大きく、複雑になっている。だから文書による契約は不可欠だ。

7 1 私たちがオリジナルにこだわるのは、文字と深く関係するのではないだろうか。

8 文字を書く文化がはじまったのは、E・A・ハヴロックの『プラトン序説』によると、紀元前四世紀のプラトンの時代。文字を手で書くという技術のおかげで、*コンテキストに[d]シバられない抽象的な*概念（たとえば「正義」）が生まれ、*イデアといった抽象的な思考が可能になってくる。

9 [2]文字のテキストは、声とはちがって視覚的で、いわば冷凍食品のようにコチコチだが、声よりも長持ちする。遠くの読者に届けたり、コピーして多くの読者に配達することもできる。誤配の可能性もあるが。テキストは、生み出されたコンテキストとは別の、生きたコンテキストのなかで解凍され、場合によってはちがった味に調理されて、食べられるのである。

10 印刷機の発明で、文字テキストが流通するようになると、テキストがテキストとして存在しつづけるためには、いくつかの目印が必要となる。誰が書いたのか（著作権）。ほかのテキストとの違い（独自性）や新しさ（創造性）。それらを目印にしてテキストを扱っているうちに、それらが偉いものに思えてくる。なくてはならないものだと勘違いされるようになる。

11 だが、著作権とか独自性とか創造性は、テキストという*土俵にこだわっているから、気になるだけの事柄なのかもしれない。私たちは言葉を使うときに、どの言葉にも毎回、「*広辞苑によれば」などとバカバカしい引用指示をつけるだろうか。

12 [3]テキスト*至上主義からちょっと距離をとれば、個性とかオリジナリティ★は*些《さ》細《さい》なことに思えてくる。4森のなかでは、村人たちが歩いているうちに、踏みしめられて自然に小道ができる。用を足すために、あまり遠回りにならないルートで、大きな木のあるところや、枝が大きく張り出したり、地面に根の背中が露出しているところは迂回《うかい》し、草に足を取られない歩きやすいところを、くり返し歩いているうちに、自然に道ができる。最初に誰が歩いたのか、道の曲がり方が独自のものであるか、などは問題にならない。

問一 傍線部a～dのカタカナを漢字に改めよ。

a

b

c

d

問二 傍線部1「私たちがオリジナルにこだわるのは、文字と深く関係するのではないだろうか」とあるが、「私たち」が文学作品の「オリジナルにこだわる」ようになったのは、どういうことがあったからか。本文に即して六十字以内で説明せよ。

問三 傍線部２「文字のテキスト」とあるが、それについての説明として明らかに誤っているものを、次の中から一つ選び、記号で答えよ。

イ　伝達したいことを、声で伝えるよりも正確に伝えることができる。

ロ　人間のあやふやな記憶力を補うというはたらきをもっている。

ハ　書かれている内容が誰にでも同じように伝わるとはかぎらない。

ニ　社会が複雑に進歩するにつれ、その存在意義も希薄になっていく。

ホ　具体的現実を超えた概念について考えることに適している。

問四 傍線部３「テキスト至上主義」とあるが、こうした態度にもとづいた「テキスト」の読み方とは、どのような読み方か。それを具体的に説明した最も適当な一文を抜き出し、その最初の五字を答えよ。

問五 傍線部４「森のなかでは……小道ができる」とあるが、ここで筆者はどういうことを言おうとしているのか。その説明として最も適当なものを、次の中から一つ選び、記号で答えよ。

イ　文字テキストで書かれたものには多くの者に読まれるという利点があるが、その内容の解釈は、原作を書いた者の意志を尊重して行われないかぎり無意味なことだということ。

第五問

ロ　口伝えの話は語られ伝わっていくうちにその内容を変化させていくが、そうしたことが生じるのは、語り手に話の内容を変えようという意図があるからにほかならないということ。

ハ　口伝えの話には個性やオリジナリティなどにとらわれない自由さがあるが、書かれたテキストは、どうしても作者の個性やオリジナリティに束縛されてしまうということ。

ニ　メールヘンのような口伝えの話はもともとオリジナルが確定できないが、それが書かれたテキストとなってオリジナルなかたちが確定すると、ほとんど変化はしなくなるということ。

ホ　書かれたテキストも口伝えの話も、多くの人に読まれたり聞かれたりしながら伝わっていくうちに、その内容や言葉や解釈のされ方がおのずと変化し定まっていくものだということ。

語句の意味

逸脱《いつだつ》（ℓ7）本筋から逸《そ》れること。はずれること。

イントネーション（ℓ13）声の抑揚。声の上げ下げ。

口伝え《くちづた》（ℓ19）物語などが、文字を介さず、人から人へと口で伝えられていくこと。文字が一般化したのは長い人類史のなかではつい最近のことであり、それ以前の物語などは口伝えによって伝承されてきた。

メールヘン（ℓ22）メルヘン。童話。おとぎ話。ここでは、文字によらず口承で伝わった昔話のことを指す。

希薄《きはく》（ℓ29）少なく薄いさま。「稀薄」とも書く。

サイズ（ℓ30）ここでは〈規模〉といった意味。

コンテキスト（ℓ36）文脈。脈絡。関係。もともとは文章における前後の脈絡という意味だが、一般的には〈あるものをとりまく状況、あるものと周囲の状況との関係〉といった意味で使われる。「コンテクスト」とも書く。

概念《がいねん》（ℓ36）キーワード（p123）参照。

イデア（ℓ37）観念（キーワードp133）参照。

土俵《どひょう》（ℓ48）ここでは、領域や枠組みといった意味。

広辞苑《こうじえん》（ℓ50）岩波書店発行による国語辞典の名称。

至上《しじょう》（ℓ52）このうえないさま。最上。「テキスト至上主義」とは、「テキスト」に最も高い価値を置く考え方のことである。

些細《ささい》（ℓ52）わずかなさま。とるに足らないさま。

現代文のキーワード

テキスト（テクスト）

①**原文。原典。本文。**②教科書。③コンピュータにおける文字データ。評論文では、とくに①の意味で使われることが多い。（例）「文学研究においてはテキストを精細に読むことが大切だ。」

当然のことだが、「テキスト」は文字によって成立する。したがって、文字によって書かれた近代文学などではテキストが重視されるが、口伝えに成立した古い時代の物語などの場合、厳密な意味ではテキストは存在しないということになる。

なお現代の文学・芸術研究などでは、**文字で書かれたもの以外のものをも「テキスト」と見なし、そこから意味を自由に読みとる**といった態度も一般的になっている。たとえば「ピカソの絵をテキストと見なし、そこにこめられた意味を読みとる」とか、「人間の身体をひとつのテキストとしてとらえる」といった言い方も成立するのである。

現代文のキーワード **オリジナル（オリジナリティ）**

「オリジナル」とは、**原作、原物**のこと。あるいは、**物真似ではなく独自に作られた創造物**という意味。「**オリジナリティ**」とは**独創性**のことである。したがって現代文では、「コピー」や「模倣」といった言葉が「オリジナル」の対義語として使われることが多い。

一般に「オリジナリティ」が重視されるようになったのは、「個人」の個性や主体性などが重んじられるようになった「近代」（p78のキーワード）になってからだといわれる。したがって近代芸術論などでは、こうしたオリジナリティの問題がしばしば重要な問題として取り上げられることになる。

本文の解説

● 1～4 **オリジナルにこだわりすぎる必要はない**

テキストに書かれた表現を勝手に変えて、童話を読み聞かせていたオング（1）。自作の詩を、テキストから逸脱させて朗読していたツェラン（2）。彼らは「オリジナル」のテキストというものを、さほど重視していないということになる。ましてや、もともと文字で書かれていたわけではない昔話などの場合、口から口へと伝わっていく過程で、話はどんどん変わっていく（4）。こうした事例をあげることで、筆者は、「オリジナル」に必要以上にこだわることはないということを述べているのである。

● 5～10 **現代人がオリジナルにこだわる理由**

私たち現代人は「オリジナル」にこだわりすぎるところがあるのだが（5）、その理由は「文字」と深く関係していると筆者はいう（7）。では、現代ではなぜ「文字」が重視されるのか。そして、なぜ「文字」が重視されると「オリジナル」にこだわる態度が生まれるのだろうか。

現代人が文字を重視する理由のひとつは、6に述べられている。文字は一度書かれてしまえば変化しないから、きちんとした契約などに不可欠なのだ。人間はもともと信用のできない動物なのだから、重要な約束は文字で交わしたほうがよい。とくに現代のような複雑な社会では、なおさらそうした傾向は助長されるのだ。また文字は、目に見えない「抽象的な概念」（キーワードp65の「抽象」p123の「概念」参照）にもとづいた思考を可能にした（8）。これも、人間が文字を重んじてきた大きな理由だといっていいだろう。さらに、文字によって書かれたテキストには、時間的にも空間的にも持続するといった利点がある（9）。これも、私たちが文字を重んじてきた理由なのである。

こうした文字テキストが流通するようになると、次のことが重視されるようになる。それは、「誰が書いたのか（著作権）」ということや、「ほかのテキストとの違い（独自性）」や新しさ（創造性）」といったことである（10）。こうして私たちは、「オリジナル」や「テキスト」といったものに価値をおくようになったのだ。

11～12 テキスト至上主義を見直してみよう

筆者は、そうした「テキスト至上主義」をちょっと見直してみるべきだと主張する。たとえば私たちは、言葉を使うときに、この言葉のオリジナルはあの辞書にあったなどということはいちいち言わない（11）。森のなかで人が歩くにつれて自然に小道ができるように、テキストも、それが多くの人によって読まれるうちに、さまざまに手が加わり、一定のかたちになっていく。また、自然に一般的な解釈ができあがることもある。そのときに、最初に道を作ったのは誰か、つまり最初に話を作ったのは誰かといったことは、さほど問題にはならない（12）。これが筆者の意見である。

まとめ

筆者の意見をひとことで言えば、**〈オリジナルにこだわりすぎる必要はない〉**といったことである。私たちがオリジナルを偏重してしまうのは、「テキスト至上主義」のせいである。「文字テキスト」を重んじるようになると、自然に「オリジナル」も重んじられる。しかしそうした態度に必要以上にこだわる必要はないのではないか。これが筆者の意見だといっていいだろう。

私たちは日常生活においてもオリジナルにこだわってしまうが、こうした考えに批判的な筆者の考えを、**先入観を排し**

て読み進める（読解へのアクセス③）ことができただろうか。

なお、文章は結論だけわかればよいというものではない。読解へのアクセス①に従い、**本文の全体構造**を整理してみよう。

「オリジナル」にこだわる態度
・文字のテキストが重視されるようになって、著作権、独自性、創造性が大切だとされるようになり、オリジナリティが重んじられるようになった

↔

「オリジナル」にこだわらない態度
・テキスト至上主義から離れてみれば、個性やオリジナリティなども些細なことになるはずである

以上の**対比関係**を、読解へのアクセス②に従い、整理して読みとることが重要である。

★解答・解説35ページ

第六問　次の文章を読んで、後の問に答えよ。

1　その五月の気持の良い昼下がりに、昼食が済むとキズキは僕に午後の授業はすっぽかして玉でも撞《つ》きにいかないかと言った。僕もとくに午後の授業に興味があるわけではなかったので学校を出てぶらぶらと坂を下って港の方まで行き、ビリヤード屋に入って四ゲームほど玉を撞いた。最初のゲームを軽く僕がとると彼は急に真剣になって残りの三ゲームを全部勝ってしまった。約束どおり僕がゲーム代を払った。ゲームのあいだ彼は冗談ひとつ言わなかった。これはとても珍しいことだった。ゲームが終ると我々は一服して煙草を吸った。
「今日は珍しく真剣だったじゃないか」と僕は訊《き》いてみた。
「今日は負けたくなかったんだよ」とキズキは満足そうに笑いながら言った。

2　彼はその夜、自宅のガレージの中で死んだ。N360の排気パイプにゴムホースをつないで、窓のすきまをガム・テープで目ばりしてからエンジンをふかせたのだ。死ぬまでにどれぐらいの時間がかかったのか、僕にはわからない。親戚《しんせき》の病気見舞にでかけていた両親が帰宅してガレージに車を入れようとして扉を開けたとき、彼はもう死んでいた。カー・ラジオがつけっぱなしになって、ワイパーにはガソリン・スタンドの領収書がはさんであった。

3　遺書もなければ思いあたる動機もなかった。彼に最後に会って話をしたという

〔出典〕
村上春樹《むらかみはるき》
『ノルウェイの森』

〔著者出題歴〕
・秋田大学
・筑波大学
・千葉大学
・静岡大学
・学習院大学
・専修大学
・立命館大学
・関西大学

理由で僕は警察に呼ばれて事情聴取された。そんなそぶりはまったくありませんでした、いつもとまったく同じでした、と僕は取調べの警官に言った。警官は僕に対してもキズキに対してもあまり良い印象は持たなかったようだった。高校の授業を抜けて玉撞きに行くような人間なら自殺したってそれほどの不思議はないと彼は思っているようだった。新聞に小さく記事が[a]載って、それで[1]事件は終った。赤いN360は処分された。教室の彼の机の上にはしばらくのあいだ白い花が飾られていた。

〈中略〉

4 東京について寮に入り新しい生活を始めたとき、僕のやるべきことはひとつしかなかった。あらゆる物事を深刻に考えすぎないようにすること、あらゆる物事と自分のあいだにしかるべき距離を置くこと――それだけだった。僕は緑のフェルトを貼ったビリヤード台や、赤いN360や机の上の白い花や、[2]そんなものをみんなきれいさっぱり忘れてしまうことにした。火葬場の高い煙突から立ちのぼる煙や、警察の取調べ室に置いてあったずんぐりした形の文鎮《ぶんちん》や、そんな何もかもだ。はじめのうちはそれでうまく行きそうに見えた。しかしどれだけ忘れてしまおうとしても、僕の中には何かぼんやりとした空気のかたまりのようなものが残った。そして時が経つにつれてそのかたまりははっきりとした単純なかたちをとりはじめた。僕はそのかたちを言葉に置きかえることができる。それはこういうことだった。

死は生の対極としてではなく、その一部として存在している。

5 言葉にしてしまうと平凡だが、そのときの僕はそれを言葉としてではなく、ひとつの空気のかたまりとして身のうちに感じたのだ。文鎮の中にも、ビリヤード台の上に並んだ赤と白の四個のボールの中にも死は存在していた。そして我々はそれをまるで細かいちりみたいに肺の中に吸い込みながら生きているのだ。

6 そのときまで僕は死というものを完全に生から分離した独立的な存在として[b]捉えていた。つまり〈死はいつか確実に我々をその手に捉える。しかし逆に言えば死が我々を捉えるその日まで、我々は死に捉えられることはないのだ〉と。それは僕には[c]至極まともで論理的な考え方であるように思えた。生はこちら側にあり、死は向う側にある。僕はこちら側にいて、向う側にはいない。

7 しかしキズキの死んだ夜を境にして、僕にはもうそんな風に単純に死を（そして生を）捉えることはできなくなってしまった。死は生の［A］なんかではない。死は僕という存在の中に本来的に[d]既に含まれているのだし、その事実はどれだけ努力しても忘れ去ることのできるものではないのだ。あの十七歳の五月の夜にキズキを捉えた死は、そのとき[3]同時に僕を捉えてもいたからだ。

第六問

8 僕はそんな［X］を身のうちに感じながら十八歳の春を送っていた。でもそれと同時に深刻になるまいとも努力していた。深刻になることは必ずしも真実に近づくことと同義ではないと僕はうすうす感じとっていたからだ。しかしどう考えてみたところで死は深刻な事実だった。僕はそんな息苦しい［B］の中で、限りのない*堂々めぐりをつづけていた。それは今にして思えばたしかに奇妙な日々だった。生のまっただ中で、何もかもが死を中心にして回転していたのだ。

問一 傍線部a～dの漢字の読みをひらがなで記せ。

a［　　］　b［　　］　c［　　］　d［　　］

問二 空欄［A］・［B］に入れるのに最も適当なものを、次の中から一つ選び、記号で答えよ。

A
- イ　連続
- ロ　対極
- ハ　前提
- ニ　延長
- ホ　目標

B
- イ　*背反性
- ロ　*虚脱感
- ハ　同一性
- ニ　*陶酔《とうすい》感
- ホ　*神秘性

問三　空欄［X］には本文中で★比喩《ひゆ》的に使われている語句が入る。その語句を五字以上十字以内で抜き出せ。

問四　傍線部1「事件は終った」とあるが、この表現は主人公のどんな気持ちを表現しているか。次の中から最も適当なものを一つ選び、記号で答えよ。

イ　友人の死というとりかえしのつかない事態がもたらした衝撃。
ロ　友人の死の真相を伝えることができなかったことへの後悔。
ハ　友人の死を事務的に処理する世間に対する＊距離感。
ニ　友人の死が世間の好奇心の餌食《えじき》となることを免れた安心感。
ホ　友人の死の真相を究明しようとしない世間への絶望。

問五　傍線部2「そんなもの」とはどういうものか、十五字以内で説明せよ。

問六　傍線部3「同時に僕を捉えてもいたからだ」とあるが、これは主人公のどのような状態を表現しているか。次の中から最も適当なものを一つ選び、記号で答えよ。

イ　友人のつらい、無念な気持ちが理解でき、生きていく意味がわからなくなっていた。

ロ　友人の自殺によって、自分もいつか死ぬかもしれないと不安になっていた。

ハ　友人の死に強いショックをうけ、これまでの自分の生き方が空しいものに思えていた。

ニ　友人の死によって、これまで遠い存在に思えた死の現実性が意識にのぼるようになっていた。

ホ　友人の死の衝撃から、すべてがどうでもよくなり、生死を混同する危険な意識に捉われていた。

語句の意味

堂々めぐり《どうどう》（ℓ57）同じ議論がくりかえされて、少しも前へすすまないこと。

背反《はいはん》（問二B）あいいれないこと。「**二律背反**」は、二つのものごとがあいいれず、同時に成立しないこと。

虚脱感《きょだつかん》（問二B）気力がなくなって何もしたくなくなること。

陶酔《とうすい》（問二B）うっとりすること。

神秘《しんぴ》（問二B）人間の知恵では理解できないような不思議さ。

距離感《きょりかん》（問四ハ）あるものや人にへだたりを感じる気持ち。

現代文のキーワード

比喩（ひゆ）

たとえること。物事を説明するとき、相手のよく知っている物事を「たとえ」として借りてきて、それになぞらえて表現すること。たとえば、頬の赤さをりんごにたとえて「りんごのほっぺ」と表現するようなこと。

比喩には、その方法により、**直喩**《ちょくゆ》、**隠喩**《いんゆ》（＝暗喩・メタファー）などの区別がある。「〜のようだ」「〜の如《ごと》し」など、はっきりとたとえであることを示したものが「直喩」であり、それを示さないものが「隠喩」である。「あなたは太陽のような存在だ」といえば「直喩」、「あなたは私の太陽だ」といえば、「隠喩」である。ただし、両者は必ずしも明確に区別できるものではない。

本文に出てくる「空気のかたまり」という比喩表現の例でいえば、最初に出てくる「空気のかたまり」（ℓ32）は「〜のようなもの」という語とともに使われているので、「直喩」になっているが、次に出てくる「空気のかたまり」（ℓ40）については、たとえを示す語はなく「隠喩」になっている。

本文の解説

この辺で小説を一題解いておくことにしよう。

小説を読む際に、まず注意することは、**場面設定**である。

読解へのアクセス⑦
小説では、場面設定に注意しよう

本文をいくつかの場面に分け、**いつ、どこで、だれが、何を、どうしたのか、**を正確に読み取ることが重要である。

この文章の場合、ℓ23まで、つまり、高校時代の友人である「キズキ」の自殺をめぐる部分と、それ以降の、東京へ行ってからの「僕」をめぐる部分の二つに分かれる。

● **前半部（1～3）「キズキ」の自殺の前後**

高校時代（十七歳の五月）のある日、「僕」は友人「キズキ」と午後の授業をさぼって玉撞きに行く。その日の夜、キズキは自殺する。遺書もなく思い当たる動機もなかった。僕は、彼と最後に会って話をしたという理由で、事情聴取をうける。そして事件は、新聞に小さく記事が載って終わった。

● **後半部（4～8）死をめぐる「僕」の考え**

「僕」の東京での寮生活が始まる。あらゆる物事を深刻に考えすぎないようにし、あらゆる物事と自分のあいだに適当な距離を置くことをこころがけた。そしてキズキの死に関わるものすべてを忘れようとした。だが、忘れられないものが残った。それは僕の中に「空気のかたまり」のようなものとして残った。僕は死と生を分離させて捉えていた以前と異なり、死を生の一部として感じるようになっていた。十八歳の春、生のまっただ中で、何もかもが死を中心に回転していたのだ。

こうして場面設定を整理すると、前半部は事実を中心に書かれているのに対し、後半部は東京へ行ってからの「死」に関わる「僕」の心情が中心に描かれていることがわかる。したがって後半部では**心情の読み取り**が何より重要なのである。

読解へのアクセス⑧
小説では、登場人物の心理を読み取ろう

後半部で描かれている東京へ行ってからの「僕」の心情は、

「あらゆる物事を深刻に考えすぎないようにする」ことや、「あらゆる物事と自分のあいだにしかるべき距離を置」こうとする態度や、「空気のかたまり」という**比喩表現**（p110のキーワード）で示されている感じ方、そして、「限りのない堂々めぐりをつづけて」いる状態などから読み取ることができる。キズキの死という事実は、世間的には終結をみたものの、僕の中では終わるどころか、新たな展開を遂げていたわけである。ここでは、キズキの死、ひいては僕の中にも存在する死から逃れようとしても逃れられない「僕」の心情がつづられている。

　このような後半部と比べると、前半部には「僕」の心情は直接は描かれていない。だが、後半部の堂々めぐりを続ける「僕」の状態を考慮すると、「新聞に小さく記事が載って、それで事件は終った」という淡々とした表現の中にも、「僕」の微妙な心情が推測され、簡単に事件を終わらせてしまう「世間」に対する違和感のようなものを読み取ることもできるだろう。

　さらに小説では、**さまざまな表現の効果や微妙な意味合いを読み取る**ことが重要である。

読解へのアクセス⑨

小説では、特徴のある表現に注意しよう

　本文でもさまざまな表現がなされているが、ここでは特に「空気のかたまり」という比喩表現に注意しよう。

　当時の「僕」は、忘れようとして忘れられないものを「言葉」としてではなく「空気のかたまり」として身のうちに感じていたのである。その思いははっきり形にできず、「空気」というたとえでしか表現しようのない漠然としたものである。そして身のうちに滞《とどこお》っているという点で「かたまり」にたとえられるようなものでもある。

　この「空気のかたまり」については、本文の後半部分で詳しく説明されている。**同じような内容の言い換え**に注目しながら（**読解へのアクセス⑥**）この内容を正確におさえておくこと。まとめると次のようになる。

死は生の対極としてではなく、その一部として存在している

＝

(今)
死は僕という存在の中に本来的に既に含まれている

↕

(かつて)
死は生から分離した独立的な存在である

こんなことを、「空気のかたまり」のように、「僕」は感じながら、「限りのない堂々めぐり」を続けていたのである。筆者は、そんな「僕」の様子を「生のまっただ中で、何もかもが死を中心にして回転していたのだ」と表現している。

★解答・解説39ページ

練習問題
ステップ2

第七問　次の文章を読んで、後の問に答えよ。

1 かつて、人間の生活と生命の安全を脅《おびや》かすものは「自然」であった。地震、津波、洪水、火山の噴火、台風、あるいは野獣の襲撃など、「自然の脅威」と呼ばれるものが、人間にとって、最大の危険であった。もちろんその前に、十分な食料や雨露を凌《しの》ぐだけの住居の確保、あるいは病気と怪我《けが》への対策などが、より a キンキュウな関心事であったろうが、しかし共同体が、あるいはそこで育まれた知恵が、そうした対策をある程度引き受けたとしても、「自然の脅威」はどうにもならなかった。この事情はどの文化圏においても、本質的には同じだったと言ってよいだろう。

2 西欧の歴史においても、事情は変わらなかった。とくにキリスト教の支配するヨーロッパにあっては、創造主である神の計画に支配されている自然は、人間の*制御や支配の能力を超えたものとして、ある程度以上の自然への人為の介入は*忌《き》避《ひ》され、あるいは諦《あきら》められていた。むしろ自然のなかで人為を如何《いか》に生かすか、ということに人々は b *フシンしていたとも考えられる。たとえば、森林のなかに溶け込むように建っている古い修道院や教会の建築などは、そう思わせる c オモムキがある。しかし、一八世紀になって、ヨーロッパは*俄然《がぜん》大きな転回を経験する。

〔出典〕
村上陽一郎《むらかみよういちろう》
『安全学』

〔著者出題歴〕
・東北大学
・東京大学
・福井大学
・大阪大学
・九州大学
・鹿児島大学
・青山学院大学
・早稲田大学

3 もちろんユダヤ・キリスト教の伝統のなかには、神がこの世界を創造したのち、その管理を人間に委託したという思想が含まれている。「創世記」第一章の記事は、そのことを語っているし、神学的にも「地の支配」という言葉が残ったことも、それを裏書きしている。かつてアメリカの技術史家リン・ホワイト・ジュニアは、そのことを根拠に、キリスト教こそ、今日の地球環境の危機を招いた元凶《げんきょう》であるという告発をした。「創世記」の言うところを根拠に、ヨーロッパは、自然を人間の自由になるもの、搾取《さくしゅ》すべきものとして捉えてきたために、地球的な危機が生じたからだ、と言うのである。

4 この見解に従えば、キリスト教的ヨーロッパには、本来、自然を人間の恣意《しい》のままに制御、支配、搾取する契機が内包されていたことになる。

5 しかし、この言い分は、一七世紀までのヨーロッパの自然に対する姿勢が、一八世紀になって急旋回を遂げたという点を考慮に入れていないという点で、根本的なケッカンがあるように、私には思われる。

6 言うまでもなく、一八世紀ヨーロッパの特徴は啓蒙《けいもう》主義である。彼らが攻撃目標に定めたのは、キリスト教そのものだった。人間をキリスト教という迷蒙《めいもう》から解放し、人間理性を至上のものとして位置付け、すべてを、人間理性の支配の下に再編成すること、これが「啓蒙」という考え方の根本であった。そこから「文明」という概念も誕生した。

7 「文明」という概念は、啓蒙主義の*イデオロギーに裏付けられたものである。神から自立し、神を*棚上《たなあげ》し、人間の*悟性のみを頼りに、すべての世界構造を再編成しようとするとき、それを達成していない状態は「非文明」であると定義された。「自然」を「自然」のままに放置しておくことは、「野蛮」なことであって、「文明人」の資格に欠けることになる。

8 ここには、神の被造物としての「自然」への*畏敬はすでにない。自然の前の人為の無力さを自覚するような謙虚さもない。あるのは、人間が「主人」であるという意識であり、人間の理性こそがすべてを取り仕切ることができるという傲慢《ごうまん》さである。

9 かくして3一八世紀ヨーロッパに興《おこ》った「文明」のイデオロギーは、人為の優越性と、自然のそれに対する従属性という概念を柱に、人間は、自己の欲望を解放し、解放された欲望の充足のために、自然をできる限り支配し、制御し、搾取することを、自らの課題とすることになった。人為によって支配され、制御されていない「自然」は、「野蛮」であり、「未開」であり、「非文明的」であると考えられるに至った。

10 人間が対決すべきは「自然」であり、「自然」の脅威、4そこからくる危険を除去し、あるいは軽減するだけでなく、非能率や不経済を積極的に*矯正《きょうせい》することができる力を人間が備え、かつその力を発揮しなければならない。

11 こうして一九世紀以降、いわゆる「近代化」と同義語になった文明のイデオロギーは、先進国と呼ばれる国々を造り出し、それにツイズイ(e)しようとする「途上国」という概念を造り出し、地球上の人類の相当部分を、その下に支配することになった。

問一 傍線部a～eのカタカナを漢字に改めよ。

a　b　c　d　e

問二 傍線部1「この言い分」とあるが、これはどういう主張か。六十字以内で説明せよ。

問三 傍線部2「一七世紀までのヨーロッパの自然に対する姿勢」とはどういう姿勢のことか。その説明として最も適当なものを、次の中から一つ選び、記号で答えよ。

イ　創造主である神の計画に沿って支配されている自然を、神聖不可侵なものとして崇拝《すうはい》し、人為を一切介入させようとしない謙虚な姿勢。
ロ　人為をはるかに超えた荒々しい力をもつ自然を、人間の生活と生命を脅かす危険なものとみなして、その制御を神に期待する敬虔《けいけん》な姿勢。
ハ　神は自ら創造した自然を人間に委託したというユダヤ・キリスト教の考えにもとづき、自然を管理・支配しようという神に忠実な姿勢。
ニ　神の被造物である自然を、人間の支配や能力を超えるものとして畏敬し、ある程度以上の自然への人為の介入を避けようとする控《ひか》えめな姿勢。
ホ　人間は地上の支配者であるから、自然を恣意的に制御し搾取してもかまわないという、キリスト教に内包されている思い上がった姿勢。

問四　傍線部3「一八世紀ヨーロッパに興《おこ》った『文明』のイデオロギー」とはどのような考え方のことか。その説明として最も適当なものを、次の中から一つ選び、記号で答えよ。
イ　宗教より理性を重んじるようになった人間は、自然の改変を通じて、自然と人為の調和した安全で平穏な社会をあらゆる地域で形成すべきだという考え方。
ロ　神が人間の理性によって形成された概念にすぎないことを自覚し、自然を完全に制御できる合理性をこそ至上の価値として見なすべきだという考え方。
ハ　宗教から解放された人間が、理性に依拠して全世界を再編すべきだという観点から、自己の欲望充足のためにできる限り自然を支配しようとする考え方。
ニ　キリスト教という迷蒙から目覚め、理性を至上のものとして位置づけた人間は、世界中の人々を宗教の支配から解放することを課題にしているという考え方。

ホ　神の創造した自然を放置しておくことは「野蛮」であり、自然を人為化し「文明」に再構成することこそ、人間が神から与えられた使命であるという考え方。

問五　傍線部4「そこからくる危険」とあるが、この「危険」が具体的に述べられている一文の冒頭五字を、本文中から抜き出して記せ。

問六　本文の内容に合致するものを、次の中から一つ選び、記号で答えよ。

イ　今日の「先進国」と「途上国」という序列づけの根底には、自然性の存続は野蛮だという考え方がある。

ロ　どの文化圏においても、自然の脅威と同様に、住居や食料の不足および病気と怪我は最大の脅威であった。

ハ　キリスト教には、できる限り自然を改変することが人間の最大の使命である、という考え方が含まれている。

ニ　自然条件の厳しい地域ほど、自然の脅威への不安から、人間に救済を与える宗教が生まれる傾向があった。

ホ　人間が生きるには自然を徹底的に支配し制御すべきだという考え方は、どのような文化圏にも存在した。

語句の意味

制御《せいぎょ》（ℓ11）思い通りに支配すること。コントロール。
忌避《きひ》（ℓ11）嫌って避けること。
腐心《ふしん》（ℓ13）ひどく心を使うこと。心を悩ますこと。
俄然《がぜん》（ℓ15）にわかに。たちまち。
裏書《うらが》**き**（ℓ20）確かであると証明すること。
元凶《げんきょう》（ℓ21）悪くなった一番大きな原因。
搾取《さくしゅ》（ℓ23）しぼりとること。
恣意《しい》（ℓ25）自分の思うまま。好き勝手。
迷蒙《めいもう》（ℓ31）物事の道理に暗く、考えが誤っていること。
イデオロギー（ℓ35）観念形態。政治・社会などの考え方の体系。特定の思想傾向。
棚上《たなあ》**げ**（ℓ36）考えないでおくこと。無視すること。
悟性《ごせい》（ℓ36）知性・知力。
畏敬《いけい》（ℓ40）心から敬うこと。
矯正《きょうせい》（ℓ51）欠点や間違いを正し直すこと。

現代文のキーワード

啓蒙主義（けいもうしゅぎ）

知性や理性によって、無知な人々を啓蒙すべきだという考え方のこと。

「啓蒙」とは、蒙《くら》きを啓《ひら》く、すなわち理性の光で無知や迷信を打破するという意味。近代（p78のキーワード）になると、人間の知性や理性が重視されるようになり、民衆に知識を与え教え導くことによって自由で平等な社会が進歩・発展するはずだ、という信念や主張が生まれる。こうした考え方を「啓蒙主義」と呼ぶのである。とりわけフランスでは、この「啓蒙主義」が王や教会の古い権威を批判し、フランス革命を思想的に基礎づけたと評価されることが多い。「**近代**」という時代を理解するうえで、「**合理主義**」（p77のキーワード）や「**個人主義**」（p78のキーワード）とも密接に関わる言葉である。

現代文のキーワード

概念（がいねん）

ある物事の一般的・本質的意味内容を、言葉で表したもの。

人間は、未知のものやはっきりしないものを、言葉によって明確にしていくが、そのような行為が「概念」化である。たとえば、ある人間が、何か眼に見えないものの力によって自分の運命が支配されている、と感じたとしよう。そして、彼はその眼に見えないものを「神」と名づけ、「神とはこの世界の全てを創造した絶対者である」という具合に、そのあり方を明確化したとしよう。これで、「神」という概念ができたわけである。

概念は、人間が頭のなかで考えるものなので、同一のものに対する概念も人によってそれぞれ違っていたりする。だから、Aという宗教における「神」の「概念」とBという宗教における「神」の「概念」とが異なってしまうということがおこるわけである。本文においても、「自然」の「概念」が、キリスト教の影響を受けていた一七世紀までと、「啓蒙主義」（p122のキーワード）に基づく「文明」のイデオロギーに支配された一八世紀以降とでは全く異なることが述べられている。

本文の解説

1・2 人間の能力を超えた自然

人間にとって、食料や住居あるいは病気や怪我についてはある程度対応できるものだが、地震・津波など「自然の脅威」は、どうにもならない最大の危険であった。この事情はどの文化圏においても同じであり、とくにキリスト教の支配するヨーロッパでは、創造主（＝神）が支配している自然は、人間の制御や支配の能力を超えたものであり、ある程度まではともかく、人間が介入することはできるだけ避けるべきであり、人為的なものは自然のなかでこそ生かされる、と人々は思っていた。ところが、一八世紀のヨーロッパでは、自然に対する考えが大きく変化したのである。

●3～5 キリスト教は地球環境の危機をもたらしたという誤った非難

筆者は、環境破壊の責任をユダヤ・キリスト教の伝統に負わせるという主張を紹介し、それが誤ったものだと指摘する。その誤った主張とは、次のようなものである。「創世記」には、神は創造した世界の管理を人間に委託したという思想が含まれている。これを根拠に、ヨーロッパでは、自然を人間の自由になるもの、搾取すべきものとして捉えてきたが、このために地球的な危機が生じた。だから、キリスト教こそ、今日の地球環境の危機を招いた元凶である、と言うのである。この見解に従えば、キリスト教的な西欧では、人間が好き勝手に自然を支配し搾取してもかまわないという考え方が、もともと存在していたことになる。だが、そうしたキリスト教への非難は、西欧における自然に対する姿勢が、一八世紀になって大きく変化したという点を無視しており、根本的に間違っているのである。

●6～8 一八世紀西欧における「啓蒙主義」と「文明」のイデオロギーの登場

一八世紀になると、キリスト教という迷蒙から人間を解放し、この世で最高の位置にある人間理性の支配の下に、すべてを再編成しようとする「啓蒙主義」が盛んになり、そこから「文明」という概念も誕生した。ここでいう「文明」とは、啓蒙主義のイデオロギーに基づき、神から自立した人間が、理性のみを頼りに、世界構造のすべてを再編成していくことである。したがって、それを達成していない状態、すなわち「自然」をそのまま放置しておくことは「非文明」であり「野蛮」なことと見なされた。こうして、神の被造物としての自然を畏敬し人為の無力さを自覚するという謙虚さは失われ、人間は、自らが自然の「主人」であり理性ですべてを支配・制御できるという傲慢な考え方を抱くようになった。

●9～11 「文明」のイデオロギーの浸透と世界化

人為の優越性と自然の従属性という概念に基づき、人間は自己の欲望を解放し、欲望の充足のために、自然をできる限り支配し搾取するようになった。人間が支配・制御していない「自然」は、「野蛮」＝「未開」＝「非文明」である。だからこそ人間は、「自然」の脅威を除去・軽減するだけでなく、欲望充足のために自然をより能率的・経済的に支配・制御する力を備え、かつその力を発揮すべきであり、これこそが、「文明」であり近代化であると考えられるようになった。そしてさらには、「近代化」（＝文明化すなわち欲望充足のための自然の人為化）がより進んだ国が先進国、それに付き従おうとする国が「途上国」と呼ばれ、世界の序列化を意味する概念まで生じ、そうした考え方が地球上のほとんどを支配することになった。

まとめ

読解へのアクセス①・②に従って、西欧における、一七世紀までの自然観と、啓蒙主義が登場した一八世紀以降の自然観との**対比関係**に注目しながら、**文章構造**を整理してみよう。

一七世紀までのキリスト教的自然観
・神が創造し支配しているものとして畏敬する
・自らの能力を超えたものとして人為化を避ける謙虚さをもつ

↔

一八世紀以降の啓蒙主義的自然観
・人間理性が最高のものであり、キリスト教とその自然観は迷蒙として否定される
・理性は欲望充足のために世界を再編成（＝自然を支配し搾取）する

そして、啓蒙主義に基づく文明のイデオロギーが世界中に波及したことによって、いわゆる「先進国」と「途上国」との序列化まで生み出されるようになった。つまり「啓蒙主義」という近代特有の考え方は、自然観のみならず、現代における地域間・文化間の序列化といった問題にも影響を与えたのである。

なお、「啓蒙主義」的な観点からすれば、

放置された「自然」＝非文明＝野蛮＝未開

↔

人為化された「自然」＝文明化＝近代化（＝能率化・経済化）

となることも正確に読み取れただろうか。こうした内容は、近代化に関わる他の文章を読むときにも参考になるはずだ。

★解答・解説43ページ

第八問　次の文章を読んで、後の問に答えよ。

1　われわれはなぜ、子どもに対して、純粋とか*無垢《むく》といったイメージを思い浮かべるのだろうか。現実の子どもたちは、学校や塾での友だち関係や家庭環境のなかで、大人と同じように悩み、そして*狡猾《こうかつ》に立ち回ったり、ときには思わぬ*世知《せち》を発揮したりもする。自分の子ども時代をふりかえっても、ただ無垢な存在であったとはとうてい思えない。多くの人がそう感じているはずなのに、われわれが子どもを見るとき、心のどこかで子どもは純真無垢であるという★観念が働いてしまい、それはなかなか拭《ぬぐ》いきれない。子どもを大人とは違った特別な存在と見る。[1]このような観念は、いったい何に*由来するのだろうか。

2　われわれは誰もが、大人になる前に、子ども時代を経験する。同じ人間でありながら、年齢によって、人は大人と子どもに区別され、社会生活の多くの局面において異なった扱いを受ける。今日のわれわれの社会では、幼児期、子ども期、思春期、青年期、中年期、老年期などさまざまな*ライフステージの区分があり、人はそれぞれの年齢段階にふさわしい行動をとるよう社会から期待されている。それぞれの段階に、法律や制度や慣習による*年齢規範や文化規範が存在する。多くの社会学者が[a]シテキしてきたように、[2]年齢は人びとを社会的に区分し編成するための非常に大きな原理であり、そのために人の★アイデンティティを構成す

〔出典〕
河原和枝《かわはらかずえ》
『子ども観の近代』

〔著者出題歴〕
・愛知教育大学
・大阪府立大学
・奈良教育大学
・青山学院大学
・駒澤大学
・早稲田大学
・亜細亜大学
・同志社大学
・甲南女子大学

る要素として重要な意味をもっている。

3 たとえば、自分の現在について考えるときも、将来を予測するときにも、われわれは自分の年齢とその年齢が持つ社会的な意味あいをbコウリョにいれずにはいられない。また、見ず知らずの人に会うときでも、相手がどんな世代の人なのかを知っていれば、いくぶんかは予測がつき、心の準備をすることができる。つまり年齢とは、生物学的な加齢——身体が成長、発達し、やがて衰えるというプロセス——の一時点をたんに示すものではなく、加齢のプロセスに対して社会が付与するイメージと深く関わる概念なのである。そしてそのイメージには、それぞれの社会の文化や歴史、政治や経済等におけるさまざまな要素が複雑に織り込まれている。〈大人〉と〈子ども〉の二分法は、そのようにして社会が年齢を基準に構成メンバーを分ける際のもっとも基本的な区分なのである。

4 〈大人〉は一人前の社会人としてさまざまな権利や義務をもつが、〈子ども〉はそうではない。〈子ども〉は未熟であり、大人によって社会の荒波から*庇護《ひご》され、発達に応じてそれにふさわしい教育を受けるべきである。そうした子ども観は、われわれにとってほとんど自明のものである。しかし、われわれの子ども観がどこでも通用するわけではない。社会が異なれば、さまざまに異なった子ども観があり、それによって子どもたち自身の経験も異なってくる。

5 たとえば、ナバホ・インディアンは子どもを自立したものと考え、部族の行事のすべてに子どもたちを参加させる。子どもは、庇護されるべきものとも、重要な責任能力がないものともみなされない。子どもの言葉は大人の意見と同様に尊重され、[c]コウショウごとで大人が子どもの代弁をすることもない。子どもが歩き出すようになっても、親が危険なものを先回りして取りのぞくようなことはせず、子ども自身が失敗から学ぶことを期待する。

6 今日のわれわれの子ども観、つまり〈子ども〉期をある年齢幅で区切り、特別な愛情と教育の対象として子どもをとらえる見方は、フランスの歴史家、フィリップ・アリエスによれば、主として近代の西欧社会で形成されたものである。ヨーロッパでも中世においては、子どもは大人と較べて身体は小さく能力は劣るものの、いわば「小さな大人」とみなされ、ことさらに大人と違いがあるとは考えられていなかった。子どもは「子ども扱い」されることなく奉公や見習い修業に出、日常のあらゆる場で大人に混《ま》じって大人と同じように働き、遊び、暮らしていた。子どもがしだいに無知で無垢な存在とみなされて大人と明確に区別され、学校や家庭に[d]カクリされるようになっていったのは、十七世紀から十八世紀にかけてのことである。アリエスはこのプロセスを、『〈子供〉の誕生』のなかで、子どもの服装、遊び、教会での祈りの言葉や学校のありさまなどを[e]タンネンに記述することによって浮き彫りにしている。

7 [3]西欧では〈子ども〉は、社会の近代化のプロセスにおいて、近代家族と学校の長期的な発展のなかから徐々に生み出されていった。一方、日本では、明治政府による急激な近代化政策のなかで、近代西欧の子ども観の影響を受けながらも、西欧とはやや異なったプロセスで[4]〈子ども〉の誕生をみることになった。

[8] 明治維新まで、子どもは子どもとして大人から区別される以前に、封建社会の一員としてまず武士の子どもであり、町人の子どもであり、あるいは農民の子どもであった。さらに男女の別があり、同じ家族に生まれても男児と女児ではまったく違った扱いを受けた。たとえば武家の跡取《あとと》りの子どもは、いつ父親が死んでも家格*相応の役人として一人前に勤め、禄《ろく》*を得ることができるよう、早くから厳しい教育が施されたし、農民の子どもも幼いころから親の仕事を手伝い、村の子ども集団に参加して共同体の一員としての役割を担った。子どもたちは封建的区分のなかで、所属する階層や男女の別に応じて、それにふさわしい大人となるようにしつけられた。

[9] 明治五（一八七二）年の学制*の公布は、そのようにそれぞれ異質な世界にあった子どもたちを学校という均質な空間に一挙に掬いとり、「児童」という年齢カテゴリー*に一括した。その意味で、わが国において〈子ども〉はまず、建設されるべき近代国家を担う国民の育成をめざして、義務教育の対象として、制度的に生み出されたということができよう。

問一　傍線部a〜eのカタカナの部分を漢字に直せ。

a　b　c　d　e

問二　傍線部1とあるが、その「由来」についての説明として最も適当なものを、次の中から一つ選び、記号で答えよ。

イ　子どもはいつも世知を発揮するが未熟さもあるのだから、大人がやさしく扱うべきだという近代的な人間主義が尊重された。

ロ　年齢は近代社会での人間関係を編成する原理であり、その最も基本的な区分として、大人と子どもとが厳密に分類された。

ハ　西欧近代において、子どもは大人と違って無知で無垢な存在だという子ども観が生み出され、その影響をこうむった。

ニ　子どもは大人より能力が劣るので庇護されるべきだという、近代の西欧で形成された子ども観が全世界に広まった。

ホ　子どもの実態より伝統的な理想を重視する大人により、大人と子どもを明確に区別するという文化規範が存続した。

問三　傍線部2とあるが、「年齢」が「人びとを社会的に区分し編成するための非常に大きな原理」といえるのはなぜか。六十字以内で説明せよ。

問四 傍線部3とあるが、「社会の近代化」以前において「子ども」はどのような存在とみなされていたのか。それを言い表した最も適当な語句を、本文中から五文字以内で抜き出せ。

問五 傍線部4とあるが、日本における「〈子ども〉の誕生」に関する説明として適当でないものを、次の中から一つ選び、記号で答えよ。

イ　かつては所属階層ごとに異なる内容のしつけや教育を受けていたが、学校という均質な場で教育を受けることとなった。

ロ　社会関係や規範に拘束されることのなかった子どもが、近代国家の政策によって学校や社会で様々な規制を受けることになった。

ハ　親の役割をいつでも担えるようになることを期待されていた子どもは、年齢段階に即した「児童」として扱われるようになった。

ニ　子どもは無知で無垢な存在であるから大人にとって特別な愛情と教育の対象となる、という西欧近代の考えの影響を受けた。

ホ　明治政府による、建設されるべき近代国家を担う国民の育成をめざすという政策にもとづき、義務教育を受ける対象とされた。

問六　本文の内容に合致するものを、次の中から一つ選び、記号で答えよ。

イ　時代や社会によって子どもについての観念は変化したものの、子どもを様々な危険からなんとか庇護しようとする親の愛情に違いはない。

ロ　われわれが現在子どもに関して抱いている考え方は、決して普遍的なものではなく、限定された時代や社会においてのみ通用するものである。★

ハ　封建社会においては厳然たる身分制に基づく教育がなされており、男女を問わず所属する階層にとって必要とされる職業的な訓練がなされていた。

ニ　社会の近代化にともない、年齢によりライフステージを区分する文化規範と、権利や責任に関する法律や制度とのズレが目立つようになってきた。

ホ　日本では明治以降に近代的な子どもの観念が次第に定着していったが、西欧ではそれに先立ち十八世紀にはすでに子どもの観念が劇的に変化していた。

語句の意味

無垢《むく》（ℓ1）心身がけがれていないこと。純真。
狡猾《こうかつ》（ℓ3）悪がしこく、ずるいようす。
世知《せち》（ℓ3）世渡りをしてゆく才能・知恵。
由来《ゆらい》（ℓ8）ある物事が今まで経てきたすじみち。
ライフステージ（ℓ12）人生における年齢ごとの段階。
規範《きはん》（ℓ14）判断・行為の拠り所となる規準。
庇護《ひご》（ℓ29）かばいまもること。
家格《かかく》（ℓ60）家がら。家の、階級的な地位・格式。
禄《ろく》（ℓ60）武士の給与。給金。
公布《こうふ》（ℓ65）法律などを、広く一般に知らせること。
カテゴリー（ℓ66）同じ性質のものが含まれる範囲。範疇《はんちゅう》。

現代文のキーワード

観念（かんねん）

物事についていだく、それがどういうものかという考え、見解、イメージ。

「あの人には時間の観念がない。」というように使う。この場合**「概念」**（p123のキーワード）とほぼ同じ意味。「観念」自体にはとくに否定的な意味はないが、現代評論においては、必ずしも現実と一致しない主観的なもの、というような否定的な意味で使われることも多い。特に、「観念的」、「観念論」などの語は、現実的でない、頭の中だけで組み立てられた抽象論にすぎない、という否定的なニュアンスを持っている。

現代文のキーワード

アイデンティティ

「自分が自分自身であり、他者と異なる一貫した存在だ」という人格的同一性がみられること、あるいはその同一性を自覚すること。**「自己同一性」「存在証明」**と訳される。

現代評論では、素朴に「自分らしさ」「一貫性」といった意味で使われることも多い。「日本人のアイデンティティ」とか、「わが社のアイデンティティ」とかいうような用い方が、それにあてはまる。

特に明確な契約関係による義務や権利が発生する「近代」社会においては、個人が約束を一貫して守る、というアイデンティティを持つことが強く要求されてきた。こうした自己の一貫性や同一性が、近代的な市民社会における個人の役割や集団の結びつきを成り立たせる基盤となってきたのである。ところが、今日、「近代」社会のこうした前提がゆらぎ始めている。というのも、社会の多様化・流動化に伴って、現代人は自分の一貫性や同一性を維持していくことが難しくなり、「自分」というものがよくわからなくなって、あたかも、自分の本質が奪われて不本意な生を強いられているという実感を持つようになってしまったからである。そのような状況を**「自己疎外」**とよぶこともある。

現代評論では、そうした問題を掘り下げて、自己同一性が危機に陥ったり、人々が自分の役割や所属意識を喪失してしまっている状況（アイデンティティ・クライシス）に言及することによって、現代社会における**自意識**（p47のキーワード）のありようを明らかにしていこうとする傾向がみられる。よく覚えておこう。

現代文のキーワード

普遍（ふへん）

すべてに共通してあてはまること。時代や地域を超えて広がること。対義語は**「特殊」**で、限られたものにしかあてはまらないこと。

たとえば、個々人の個別で具体的な一回限りの体験は「特殊」なものだということができる。これに対して、たとえば自然科学や数学などの法則は、基本的にどんな場合にも例外なくあてはまるものである。したがってこれらの法則は「普遍」的なものだということができる。

本文の解説

1 子どもという観念

ここでは本文の主題が提示されている。

現実の子どもも子ども時代の自分も、時には狡猾で世知を発揮する存在であるのに、子どもは純粋で無垢であるという観念が無意識のうちに働いてしまう。子どもを特別な存在とみるこうした観念は、どのように生じたのであろうか。

2・3 年齢にもとづく社会的な区分

ここでは、年齢による区分の中でも、大人と子どもの違いが、社会生活において最も基本的な区分であることが示されている。

今日のわれわれの社会では、人は「幼児期」「子ども期」「思春期」などいくつかの段階に区分されており、それぞれの段階に応じた社会的・文化的な規範があり、それらにもとづいて行動することが期待されている。具体的に言うと、「子ども期」にあまり大人びた言動をすると「ませている」と見られ、「中年期」にいかにも若者らしい言動をとろうとすると「無理をしている」などと言われ、周囲から冷ややかな扱いを受けることになる。したがって、年齢というのは、ある人の社会における位置や役割を示すものであり、その点において、その人のアイデンティティを構成する重要な要素となるのである。

このように、自分自身にとっても、また他者との関係においても重要な意味合いを持つ年齢は、単に生物として年をとることではない。年齢とは、年を重ねてゆく変化の過程に対して社会から与えられたイメージであり、その社会の文化や歴史など複雑な要素が含まれているのである。

4・5 社会によって異なる子ども観

ここでは、われわれの子ども観が決して普遍的なものでないことが、具体例の紹介と共に指摘されている。

〈子ども〉は未熟な存在であり、一人前の〈大人〉から庇護され教育を受けるべきであるという子ども観は、われわれには自明に思えるとしても、どこでも通用するわけではない。

たとえばナバホ・インディアンの社会では、子どもは自立した存在として見なされ、社会のあらゆる場面で大人と同様の扱いを受けている。

6 近代の西欧で生まれた子ども観

ここでは、今日のわれわれの子ども観が、西欧の近代化の過程において形成されたことが示されている。

西欧においても中世までは、子どもは大人より身体は小さく能力は劣るが、「小さな大人」として大人に混じって生活していた。ところが、十七世紀から十八世紀にかけて、子どもは次第に無知で無垢な存在として、大人と明確に区別されるようになった。こうした近代的な子ども観の形成を、歴史家アリエスは「〈子供〉の誕生」という言い方で明らかにしている。

● 7～9　近代日本における〈子ども〉の誕生

ここでは西洋の影響を受けて、近代日本の〈子ども〉観が生じてきた経過が示されている。

西欧では長期にわたって社会全体が近代化しており、その経過に伴い、徐々に現在のような〈子ども〉観が生み出されてきた。日本では、こうした西欧の近代的な子ども観の影響を受けつつ、所属階層の違いを越えて、学校という空間で一挙に均質化された「児童」が形成された。ただしこの変化は、近代的な国民の養成という、明治政府の急激な近代化政策によってもたらされたのである。

明治政府の急激な政策と、それによって日本の「子ども」がどのように変化したのかについては、以下のように整理できる。

明治維新以前

・封建社会の一員として、身分や職業といった所属階層や男女の別に応じた教育を受け、共同体・集団の一員としての役割を担っていた。

⇐ 明治政府による学校制度の公布

明治以降

・学校という均質な空間で、所属階層ごとの違いを消失させた「児童」というカテゴリーで一括され、近代国家建設を担う国民の養成を目的とした義務教育を受ける。

● まとめ

子どもを純粋無垢な存在と見るのは「観念」、すなわち必ずしも現実とは一致しない、ある特定の見方・考え方にすぎない。こうした、子どもと大人との違いを最も大きな区分とする年齢による人生の区分は、単なる生物学的な事実でなく文化的・社会的なイメージとしてあり、そのイメージを規範として行動・生活することが人々に求められている。

他の年齢段階と同様に子ども観が、文化的・社会的なイメージであるならば、当然文化や社会によってそれぞれ異なる子ども観が存在するはずである。実際、ナバホ・インディアンというわれわれの社会と異なる文化を持つ人々は、われわれの子ども観とは対極的な子どもと大人の関係を保っている。

また、同じ地域であっても時代ごとに子どもと大人の関係は異なる。西欧でも中世には子どもは「小さな大人」として大人と同様の扱いを受けていた。それが、社会・家族の近代化の過程において徐々に現在のような子ども観が形成されたのである。

日本では、西欧の近代的な子ども観の影響を受けつつ、所属階層の違いを越えて、学校という空間で一挙に均質化された「児童」が形成された。ただしこの変化は、近代的な国民の養成という、明治政府の急激な近代化政策によってもたらされたのである。

この日本と西欧の違いを、**対比的に整理する**と（**読解へのアクセス②**）次のようになる。

西欧＝社会全体が近代化する過程において、近代的な家族と学校の長期的な発展に応じて徐々に形成

⟷

日本＝近代西欧の影響を受けつつ、明治政府の急激な近代化政策で形成

現代評論では、現在の我々が常識と思い込んでいることが、実は近代社会にだけ通用する見方・考え方であることを指摘するものがある。本文では近代的な「子ども観」の成立のことを「〈子ども〉の誕生」と呼んでいるが、それまでと異なる近代的見方・考え方の形成を、「〜の誕生」「〜の発見」という言い方で論じる文章は多い。こうした評論では、現代人の常識的考え方や価値観を相対化し、その見直しを提起するものが多いので、常識にとらわれることなく、**先入観を排して読み進める**（**読解へのアクセス③**）よう注意が必要である。

★解答・解説47ページ

第九問　次の文章を読んで、後の問に答えよ。

1　科学の世界は、いうまでもなく、すみからすみまでが合理的なものであり、わずかでも神秘的なものや異常なものなど、はいりこむ余地はない。科学は、あきらかに、*妖怪変化の敵であり対立物なのである。そして、この論法からいけば、*空想科学小説は、怪談のたぐいとは、はっきり区別されなければならないことになる。

2　だが、1科学を、異常や*非合理と、それほど*機械的に対立させてしまって、いいものだろうか。科学の世界を、なんのナゾも陰影もない、単なる数のサバクのように考える考え方は、科学と魔術との区別ができなかった、中世的思考の裏返しにしかすぎないのではあるまいか。中世の科学観は、地獄の炎にも似た、暗いドロドロした奇怪さでいろどられていた。そして一方、現代の科学観は、あまりにも*無味乾燥な、灰色の*虚無にいろどられているというにすぎないのだ。いずれにしても、現実に科学がはたしている役割とは、おおよそ無縁なものだといわなければなるまい。

3　科学は、異常な世界に対する挑戦ではあっても、絶縁ではない。挑戦は、敵のふところにもぐりこまなければ、成り立たないが、絶縁は、敵から顔をそむけて、ドアを閉めてしまえば、それですむ。実際に、科学と対立しているのは、異常世

〔出典〕
安部《あべ》公房《こうぼう》
『仮説の文学』

〔著者出題歴〕
- 東京大学
- 横浜市立大学
- 金沢大学
- 大阪府立大学
- 山口大学
- 早稲田大学
- 上智大学
- 青山学院大学
- 南山大学

第九問

界などではなく、むしろ、異常との対決をこばみ、無視し去ろうとする、日常の*保守的生活感情なのではあるまいか。

4 日常性の*秩序にたいする信仰は、異常性を二重の意味で、[a]キョヒし敵視する。一つには、[A]それが*絵そら事であり、不真面目であるという点で、いま一つは、より積極的に、日常の破壊者であるという理由によってである。日常性は、単に守られるべきだけでなく、[b]シンセイなものであり、モラルを支える土台石だというわけだろう。そしてこの異常性に対する攻撃は、しばしばそっくり、科学精神にも向けられたことを忘れてはならない。秩序の名において、[2]魔女も科学者も、同じ炎で焼き殺されてきたのだ。日常という★神話からみれば、秩序の破壊者という点で、ブルーノ(注)もサド(注)も、変りがなかったのである。

5 たしかに、日常という座標をとおしてみると、本来は対立物であるはずの科学と妖怪の世界が、機能においては意外に共通性をもっていることに気づくのだ。どうやら、日常世界というやつは、科学の世界よりは異常に近く、妖怪の世界よりは正常に近いという、はなはだヌエ(注)的な存在で、そうしたヌエ的秩序ではもはや包みきれなくなった、現実のエネルギーが、本能的にあらわれた場合、それが妖怪の世界になり、知的にあらわれた場合に、科学の世界になるのではあるまいか。この一見矛盾しあった、二つの世界は、互いに打ち消し合う関係にあるというよりは、むしろ*弁証法的に支え合いながら、日常の破壊者の役割をはたしているらしいのだ。

6 こう考えて来てみると、空想科学小説もまた、怪談との相違点よりは共通性のほうが目立ってても一向に差しつかえないことになる。最近の空想科学小説の傾向について、ある文芸評論家は、それがあまりにも疑似科学的であり、怪談的であると非難していたが、私は一向に、それが否定の理由になるとは考えない。私のイメージの中にある、空想科学小説は、べつに科学技術の発達にともなって生れた、通俗科学啓発小説のたぐいなどではなく、むしろギリシャの古典文学、たとえばルキアノスの『本当の話』などから、すでに脈々としてつづいている、仮説の文学伝統、『ガリヴァー旅行記』『ドン・キホーテ』『西遊記』等々と枚挙にいとまもない、大きな文学の流れの、一つのあらわれにほかならないのだ。仮説を設定することによって、日常のもつ安定の仮面をはぎとり、現実をあたらしいショウメイでてらし出すハンギャクと挑戦の文学伝統の、今日的表現にほかならないのである。

7 見方によれば、この仮説の文学の伝統は、自然主義文学などよりは、はるかに大きな文学の本流であり、コンゲン的なものであり、空想科学小説の興隆も（そういう現象があると仮定して）単なる風俗的現象以上の、なにか本質的な意味をもっているのではあるまいか。それは、人間の宇宙飛行の反映というよりも、むしろ崩壊しつつある、この日常の秩序の反映であるように思われてならないのだが。

第九問

（注）○ブルーノ……一六世紀イタリア・ルネサンスの哲学者。
○サド……一八世紀のフランスの作家。
○ヌエ……鵺。伝統上の怪獣。頭は猿、手足は虎、体は狸、尾は蛇、声はトラツグミに似ているとされる。転じて、正体のはっきりしないもののこと。

問一 傍線部a～eのカタカナを漢字に改めよ。

a	b	c	d	e

問二 二重傍線部A～Cの「それ」が指示する語句を、それぞれ本文中から抜き出して記せ。

A	B	C

問三 傍線部1で、筆者は「科学」を「異常や非合理」と「機械的に対立」させてしまう考え方に疑問を呈しているが、その論拠として最も適当なものを、次の中から一つ選び、記号で答えよ。

イ　科学の世界は、なんのナゾも陰影もない、単なる数のサバクのようなものであるから。
ロ　現代の科学観は、あまりにも無味乾燥な、灰色の虚無にいろどられているというにすぎないから。
ハ　科学の世界は、そのすみずみまでが合理的なものであり、神秘的なものや異常なものなどはいりこむ余地はないから。
ニ　日常の秩序を重視する保守的感情と対立する点で、科学も異常な世界も共通しているから。
ホ　現代の科学もまた、中世のそれと同様に、地獄の炎にも似た、暗いドロドロした奇怪さでいろどられているから。

問四　傍線部2「魔女も科学者も、同じ炎で焼き殺されてきた」とあるが、どういうことか。その説明として最も適当なものを、次の中から一つ選び、記号で答えよ。

イ　日常的な秩序を逸脱した現実のエネルギーのあらわれを、日常の破壊者であるという理由で攻撃してきたということ。
ロ　現実のエネルギーの本能的あらわれである世界を、現実のエネルギーの知的なあらわれによって攻撃してきたということ。
ハ　科学の世界も魔女の世界も、日常世界よりも異常な方向に逸脱している点で同じだという理由で攻撃してきたということ。
ニ　不真面目な日常の破壊者である世界を、本能的な世界と知的な世界との対決を防ぐため攻撃してきたということ。

ホ　現実から逸脱し秩序を破壊しかねないエネルギーのあらわれを、本能性の欠如や知性の欠如を理由に攻撃してきたということ。

問五　筆者の主張と合致するものを、次の中から一つ選び、記号で答えよ。

イ　日常性はモラルを支える土台であり、科学技術はつねにその土台のうえに合理的に組み立てられてきた。

ロ　日常の安定した世界を維持してゆくためには、科学や異常の世界の持つ反日常性を克服してゆかねばならない。

ハ　科学と異常は、かつては対立していたため秩序を支える結果となったが、今後は協力して秩序の破壊を目指すべきである。

ニ　空想科学小説は、非日常的な世界を示すことで、現実の秩序を新たな角度から見つめなおさせるという働きをもっている。

ホ　日常の秩序の破壊性を持つ空想科学小説の隆盛が、現実の秩序の崩壊を招来したのであるといえよう。

語句の意味

妖怪変化《ようかいへんげ》（ℓ3）化け物のこと。「変化《へんげ》」はこの場合、動物などが姿を変えてあらわれることを意味する。

空想《くうそう》（ℓ4）現実からはなれたことを思いめぐらすこと。「空想科学小説」とは、科学技術の知識をもとに、未来社会や宇宙などを舞台とする空想が描かれたＳＦ小説（Science fiction）のことを意味する。

非合理《ひごうり》（ℓ6）合理（主義）的でないこと。「合理」についてはキーワード（p77）参照。

機械《きかい》的に（ℓ6）型にはまっているさま。無意識的なさま。自動的に動く機械のように、深い思慮がなくパターン化した行動や思考に陥っている様子を示す場合が多い。

無味乾燥《むみかんそう》な（ℓ11）味わいや面白味が感じられないさま。

虚無《きょむ》（ℓ11）何物もなくてむなしいこと。「虚無主義」（＝ニヒリズム）という場合は、伝統的な秩序や価値を否定して、生きていること自体が無意味だと考えるような立場を意味する。

保守《ほしゅ》的（ℓ18）旧来の伝統・慣習・秩序を守ろうとすること。反意語は「革新的」「進歩的」。類義語に「反動的」（歴史の流れや進歩的な動きを妨げること）がある。

秩序《ちつじょ》（ℓ19）物事の正しい順序や筋道、またはそのような順序や筋道がきちんとしていて整然としたさま。

絵《え》そら事《ごと》（ℓ20）ありえないこと。全くの空想であること。

弁証法《べんしょうほう》（ℓ34）物事の対立や矛盾を前提に、それを克服・統一していこうとする発展的な考え方。

疑似《ぎじ》（ℓ38）本物（ここでは科学）と似ていて紛らわしいこと。

啓発《けいはつ》（する）（ℓ41）知識を与え、教えわからせること。これに近い言葉に、無知な人々に知識を与え教え導くという意味の**「啓蒙（する）」**（キーワード・p122）がある。

枚挙《まいきょ》にいとまも（が）ない（ℓ43）いちいち数えていられないほど数が多いこと。「枚挙」は一つずつ数え上げること。

風俗《ふうぞく》的（ℓ50）社会の表面にあらわれた、という意味。「風俗」は、ふつうある時代や社会の人々の生態や衣食住の仕方を意味する。

現代文のキーワード

神話（しんわ）

根拠なしに信じ込まれている話や事柄。

一般的には「ギリシア神話」など、古代の神々の説話を意味するが、現代文では右の意味で使われることが多い。ここでも、筆者は「日常」を「根拠なく人々がよってたつ場」として捉えている。新聞などで「学歴神話の崩壊」などと言う場合も、右の意味である。

現代文のキーワード

自然主義文学（しぜんしゅぎぶんがく）

ここでは、日本の**〈虚構にもとづく作品創造を排し、実生活の中での自己表白を重視した文学〉**を指している。日本の「自然主義文学」とは、島崎藤村の「破戒」（明治三十九年）、田山花袋の「蒲団」（明治四十年）などで本格化し、明治四十年前後に隆盛したものである。特に「蒲団」の成功をきっかけに、後の私小説につながる自己告白の傾向が強まった、といわれる。

一般的に文学作品は、大きく二つの傾向に分かれるといわれる。それは、**想像力を自由に働かせて主観的な世界を叙情的・空想的に描くロマン主義的文学**の傾向と、逆に現実の**実生活のリアリティ（現実性・真実味）を尊ぶ写実主義（リアリズム）**の傾向である。特に後者の**「リアリティ」**や**「リアリズム」**という言葉は、**「ほんとうらしさ」**を意味する文芸用語として、評論文によく出てくるのでぜひ覚えておこう。なおこの二つの傾向を踏まえるなら、本文に出てくる「空想科学小説」は前者の系列につながり、「自然主義」は、現実を写すことを重視している点で、後者の系譜に連なるものと言える。

最後に付け加えておくと、元来自然主義文学は十九世紀後半のヨーロッパに成立したものであり、当時めざましい進歩を示していた自然科学の実験や観察などの手法を文学に導入した科学主義的文学を意味し、フランスの作家ゾラなどの作品がその代表であった。ところが、わが国の自然主義文学にはそのような科学的傾向は希薄であり、右に述べたような、私生活での自己表白を重んじる傾向が強いのである。

本文の解説

●1・2　常識的科学観への疑問

1で筆者は、科学が「合理的（p77のキーワード）」なものであり、神秘的で異常な領域と明確に区別されると述べている。たとえば妖怪変化は神秘的領域に属するものだから、科学と対立するものとなる。これはたしかに一般に認められた考え方だろう。

まずは、下図の〈一般の考え〉を押さえよう。

〈図1　一般の考え〉

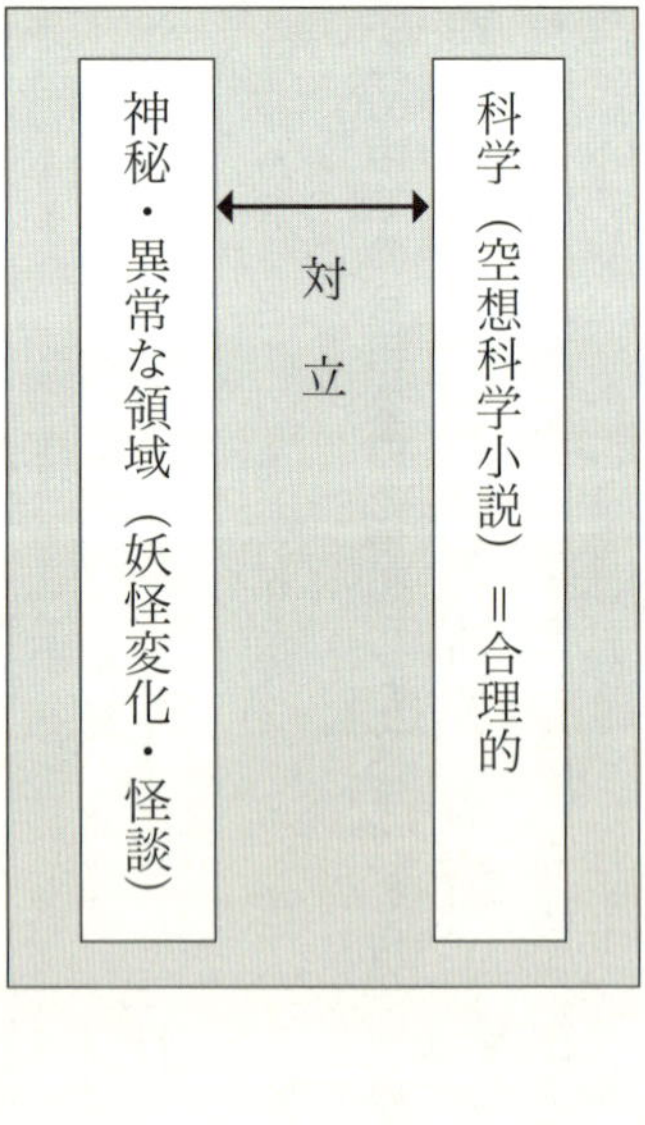

しかし2で筆者は、科学が「合理的」だからといって、「異常や非合理」と単純に対立させてよいのか、と問題提起する。たとえば、我々は科学の世界を味気ない数値で成り立つ灰色の世界と考えがちである。しかし、それは科学と魔術の区別

がなかった中世的思考の裏返し（反作用）として、あまりに科学を魔術の奇怪さから切り離そうとしすぎたため生じた、誤った捉え方だと筆者は考える。現実の科学は、決して奇怪なものでも、逆に味気ない無味乾燥としたものでもない。ではどのようなものなのか。

3・4 科学と日常世界の対立

科学は異常世界と対決し、それを解明しようとするものであるが、その対決を通じて異常世界と深く関わることになる。それに対して日常の保守的感情は、異常世界を無視あるいは敵視し、それに関わろうとしない。したがって異常世界と深い関係を持つ科学は、異常世界を拒絶する日常世界と対立するものなのである。（以上3）

現に、日常世界は、異常世界を拒絶してきただけでなく、科学をも攻撃してきたのである。それは、不真面目な空想に満ちた異常世界も、（真面目な）科学も、どちらも神聖な日常世界の常識的秩序を破壊するものであるからだ（たとえば、昔「地動説」という科学的発見が、「天動説」を信奉する日常の秩序を破壊するものだとみなされて、迫害された例などを思い浮かべてほしい）。つまり、異常性（魔女やサド）も科学（科学者やブルーノー）も、秩序だった日常性を脅かし破壊するものである点では同じだったのだ。（以上4）

5 科学・妖怪の世界・日常の世界の関係

したがって「科学の世界」と「妖怪の（異常な）世界」とは、たがいに対立しあうものであると同時に、**「日常」に対して共通した立場をもつ**ことになる。この関係をもう少し考えてみよう。筆者は「日常世界というやつは、科学の世界よりは異常に近く、妖怪の世界よりは正常に近い」正体不明の存在だと考えている（ℓ29）。つまり科学が極端に正常な世界、妖怪が極端に異常な世界に位置するなら、その中間の〈正常とも異常ともつかないあいまいな領域〉が日常世界なのである。そうした日常に安住できればいいが、それに耐えられない現実のエネルギーが、日常世界を打ち破って噴出するとき、それが本能的なエネルギーの噴出なら妖怪の世界を構成し、知的なエネルギーの噴出なら正常な科学の世界に向かうということなのだ。科学の世界と妖怪の世界は、正常と異常の対極に位置し、互いに対立し合いながらも、その中間に位置する日常世界を破壊する作用をその両側から及ぼしあう共通の働きをもつのである。

つまり筆者の考える関係を図示すると下のようになる。

〈図2 筆者の考え〉

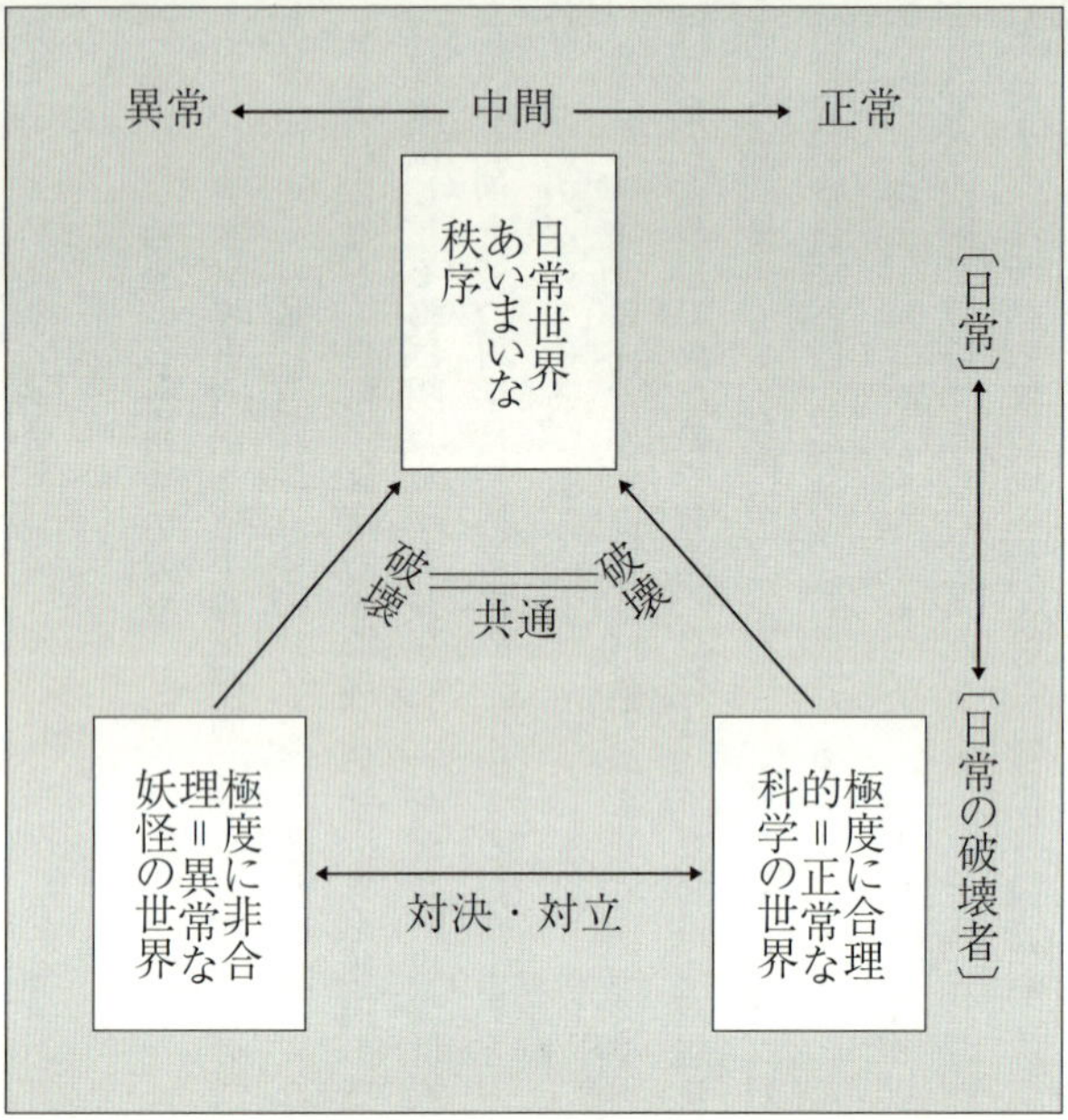

● 6・7 空想科学小説と仮説の文学の伝統

こうした関係を踏まえるなら、1で「はっきり区別されなければならないことになる」(ℓ4)と指摘された空想科学小説と怪談の関係も、相違点だけでなく共通点が浮かび上がってくる。むしろ重要なのは共通点だといってもおかしくない。ある文芸評論家は、「疑似科学的であり怪談的である」(つまり科学とそっくりな体裁で、怪談のように怪異な世界を描く)と、空想科学小説を批判した(ℓ38)。この批判は、科学小説を、人々に科学的知識を与え正しく導く(=啓発する)教科書のような役割を期待することから生じている。それに対して、筆者は空想科学小説はギリシアの古典文学以来、脈々と続いている虚構(=筆者がいうところの仮説)の文学伝統の今日的表現であり、先ほど見た科学の世界同様、安定した日常を動揺させる反逆の文学だと考える。そしてこの仮説の文学こそ、文学の根源的姿であり、空想科学小説が盛んなのも、一時的な流行現象というよりも、文学の本質とつながる現象だと考えている。そして最後に筆者は、この現象が日常の秩序が崩壊しつつあることの反映ではないかという指摘を付け加えて、文章を終えている。

なお筆者は、本文において虚構=仮説として扱っているが、一般に虚構と仮説は異なるものとして扱われている(p57のキーワード「仮説」参照)。

● まとめ

以上本文の内容を見てきたが、最後に簡単に本文の要点をまとめておくと、次のようになる。

非合理で異常な世界と合理的で正常な科学の世界は、日常的秩序を破壊する点で共通性をもつ。同様に空想科学小説も怪談と共通し、文学の本流である仮説の文学伝統に位置づけられる。

特に科学の世界と異常世界と日常世界の、三者の関係がとらえにくい文章だったかもしれない。まだ釈然としない場合には、もう一度さきほどの図2を参考に文章をみなおして、よく考えてもらいたい。

読解へのアクセス

この文章は、第一に難解な語句が多く、第二に文章の構造が複雑であるため、読み進むのにかなり苦労したかもしれない。このような文章では、何よりも**「難解な表現や用語であまり立ち止まらず、先に読み進もう」**という読解へのアクセス④を思い出してほしい。

また、難解な語句があっても、漢字は一字一字が意味を持っているものなので、知らない熟語が出てきた場合も、その熟語を構成する漢字の意味から、おおよその意味を推測することができる。たとえば、「虚無」（ℓ11）、「枚挙」（ℓ43）などの語の場合、一つ一つの漢字の意味を考えれば、前者の意味が〈虚しく何も無い〉こと、後者の意味が〈一枚一枚数え挙げる〉ことであることはすぐわかるだろう。「無味乾燥」（ℓ11）も、漢字の字面から味が無くひからびている意味を推測できるだろう。

読解へのアクセス⑩

難しい熟語も、一字一字の漢字から意味を推しはかろう

★解答・解説51ページ

第十問　次の文章を読んで、後の問に答えよ。

1　ケインズが、経済学者としてだけでなく、*投機家としても大成功をおさめたことはよく知られている。そのケインズが、じぶんの経済理論のなかで投機活動について論ずるさいにモデルとしたのは、当時イギリスやアメリカにおける発達した株式市場や債券《さいけん》市場である。そして、それは、投機家がたんに生産者から買い消費者に売っているような*牧歌的な市場ではなく、ケインズ自身のような専門的な投機家が多数参加し、短期的な利益をもとめておたがい同士で売り買いをする、言葉の真の意味での「投機的市場」である。

2　それでは、このような市場において、投機家が*合理的ならば、いったいどのような行動をとるだろうか？ [1]もちろん、あの「美人コンテスト」で賞金をかせごうとしている読者のように行動するはずである。すなわち、ここで合理的な投機家にとって重要なのは、将来モノ不足になるかモノ余りになるかを自分がどう予想するかではない。自分と同じように市場を[a]ナガめ、自分と同じように合理的に思考するほかの投機家が、将来モノ不足になると予想しているのかモノ余りになると予想しているのかを予想し、それに先駆《が》けて売り買いすることに全知全能を集中することなのである。それはまさに「知力の闘い」である。そして、それぞれの投機家がおたがいの合理性を信じていればいるほど、さらに高段階の予想

〔出典〕
岩井《いわい》克人《かつひと》
『二十一世紀の資本主義論』

〔著者出題歴〕
・センター試験
・一橋大学
・大阪大学
・早稲田大学
・上智大学
・法政大学
・立命館大学
・関西学院大学

の予想……の予想をしていく必要がうまれてくることになる。

3 すなわち、多数の［A］な投機家が、たんに生産者と消費者のあいだを[b]チュウカイするだけでなく、おたがい同士で売り買いをしはじめると、市場はまさにケインズの「美人コンテスト」の場に[c]ヘンボウしてしまうのである。そして、そこで成立する価格は、実際のモノの*過不足の状態から*無限級数的に[d]*乖離する傾向をしめし、究極的には、たんにすべての投機家がそれを市場価格として予想しているからそれが市場価格として成立するというだけになってしまう。それはまさに「予想の無限の連鎖」のみによって支えられてしまうことになる。そのとき、[2]市場価格は実体的な*錨《いかり》を失い、ささいなニュースやあやふやな噂などをきっかけに、突然*乱高下《らんこうげ》をはじめてしまう可能性をもってしまうのである。

4 ここで強調しておかなければならない。このような市場価格の乱高下は、投機家の非合理性によるのではない。いや逆に、ここでは、投機家の合理性がなにを市場にもたらすかが徹底して思考されている。投機家同士が売り買いする市場のなかで、投機家同士がおたがいの行動を何重にも予想しあう結果として、市場の価格が乱高下してしまうのである。個人の合理性の追求★が社会全体の非合理性をうみだしてしまうという、社会現象に固有の[3]「合理性のパラドックス」がここにある。そして、実際に市場で価格が乱高下しはじめると、今度は消費や生産といった実体経済が[e]*攪乱され、経済全体におおいなる不安定性をもたらすことになってしまうのである。

5 ここに、同じく市場をあつかいながらも、そして同じく人間の利己性と合理性とを仮定しながらも、アダム・スミスと真っ向から対立する理論が提示されたことになる。それは、たとえ非合理的な慣習や制度がなくても、たとえ[B]な政府の介入や規制がなくても、市場には[C]に不安定性がつきまとうことを主張する理論である。

問一 傍線部a～eのカタカナを漢字に、漢字をひらがなに改めよ。

a [　　] b [　　] c [　　] d [　　] e [　　]

問二 空欄[A]～[C]に入れるのに最も適当な語を、次の中からそれぞれ一つずつ選び、記号で答えよ。

イ　*恣意的　ロ　近代的　ハ　専門的　ニ　本来的

A [　] B [　] C [　]

問三 傍線部1「もちろん、あの『美人コンテスト』で賞金をかせごうとしている読者のように行動するはずである。」とあるが、この場合、筆者が考えるような合理性をもつ読者ならばどのような行動をとるべきであろうか。次の中から最も適当なものを一つ選び、記号で答えよ。

（なお、「美人コンテスト」は次のルールに従って行われるものとする。まず、新聞紙上に掲載された百人の顔写真の中から読者が投票で六人の美人を選ぶ。そして、投票の結果、得票が多かった六人の美人に投票した読者には多額の賞金が与えられる。）

イ　他人の好みは考慮せず、自分の好みに最も合うと思われる人に投票する。
ロ　合理的に思考する投票者自身が最も美人であると考えている人に投票する。
ハ　自分にとって好みではないが、世間一般の人が最も美人であると思う人に投票する。
ニ　自分以外の合理的に思考する投票者が最も多く投票すると思われる人に投票する。
ホ　好みではなく、客観的な基準から美を最も体現しているように思われる人に投票する。

問四　傍線部2「市場価格は実体的な錨《いかり》を失い」とあるが、それはどういうことか。次の中から最も適当なものを一つ選び、記号で答えよ。

イ　市場で成立する価格が実際のモノの過不足の状態とは無関係になってしまうこと。
ロ　市場で成立する価格が投機家の取引によってはどうにも制御できなくなって

しまうこと。

ハ　市場で成立する価格が投機家の非合理的思考によって影響されるようになること。

ニ　市場で成立する価格が価格を主として決定づけていた有力な投機家の手を離れてしまうこと。

ホ　市場で成立する価格が暗黙の前提であった投機家同士の合意を得られないで決まること。

問五　傍線部３「合理性のパラドックス」とあるが、どういうことか。本文に即して六十字以内で説明せよ。

語句の意味

投機《とうき》（ℓ1）将来の価格変動を予測して、価格差から生じる利益を得ることを目的として行う売買取引。

牧歌《ぼっか》的（ℓ5）（牧場の牧童の歌のように）素朴で叙情的な様子。

ここでは、専門的な投機家同士の予想によって作られる複雑な関係がなく、ただ投機家が生産者と消費者の間に立ち売買をするだけの単純な市場の様子を指している。

合理《ごうり》的（ℓ8）キーワード（p77）参照。

過不足《かふそく》（ℓ21）多すぎたり足りなかったりすること。

無限級数《むげんきゅうすう》的（ℓ21）数学用語。項の数が無限にある級数。

ここでは価格がモノの実体から徐々に離れていく様子をたとえている。

乖離《かいり》（ℓ21）そのものとの結びつきがなくなること。そむき離れること。

錨《いかり》（ℓ25）船が流されないように海に投げ入れる鉄製のおもり。

乱高下《らんこうげ》（ℓ26）相場が短期間のうちに激しく上下すること。

攪乱《かくらん》（ℓ34）かきみだすこと。混乱を起こさせること。「こうらん」と読むこともある。

恣意《しい》（問二イ）語句の意味（p122）参照。

現代文のキーワード　**パラドックス（逆説）**（ぎゃくせつ）

一見、論理や常識に反しているように思えるが、よく考えてみると一種の真理を言い表わしているような説明や表現。「逆説」ともいう。

代表的な例が、「急がば回れ」である。これは急いでいる時にはできるだけ近道をしようと思うのが常識かもしれないが、慣れない近道を選んで何か突発的な事故や事件に巻き込まれて余分な時間をかけてしまうより、時間のかかりそうな道でもよく知った道の方が着実に目的地に到達でき、結果的に回り道＝安全な道を選んだ方が早い場合もあるという意味である。ほかにも「負けるが勝ち」「ただより高いものはない」「心の貧しき者は幸いである」といった例がある。現代文で「逆説」という語が出てくると、たいていそこに傍線が引かれて、「どういうことか」などと設問にされてしまう。それほど重要な言葉である。

ただし、この言葉の用い方は筆者によって多少の差があり、「矛盾しているかのように見える言い方」とか、「あることを望んでいたが皮肉なことに反対の結果に終わること」とか、あるいは単に「ちょっと変に感じられること」とかいった意味でも用いられる。いずれにしろ、常識あるいは論理の展開からすると「逆」だというニュアンスを含めて表現したい時に用いられる。また「パラドックス」は、狭義には「真でありながら同時に偽でもある命題」「一見正しそうで実は成立しない議論」といった意味がある。

なお、接続表現の一つである「逆接」とは違うので混同しないように。

本文の解説

この文章では、経済学に関わる見慣れない人名や語句が出てくるが、**読解へのアクセス④（難解な表現や用語であまり立ち止まらず、先に進もう）**に従い、読み進めること。テーマは明確で、投機的市場について、である。あらかじめこの言葉を知らなくても、**読解へのアクセス⑥（同じような内容の言い換えに注目しよう）**に従って文章を追っていけば、筆者の主張は理解できるはずである。

● 1 「投機的市場」とは何か

まず、経済学者ケインズの言う「投機的市場」とは何かについてふれている。具体的には当時のイギリスやアメリカにおいて発達した株式市場や債券市場のことだが、ポイントは、〈……ではなく、……〉というような対比的な言い方で、論点を明確にするかたちで説明されている。

投機的市場

- 投機家がたんに生産者から買い消費者に売っているような牧歌的な市場ではない
- 専門的な投機家が多数参加し、短期的な利益をもとめておたがい同士で売り買いをする市場である

●2 投機家の行動について

1をふまえ、こうした市場における投機家の行動がどのようなものか説明されている。

投機家のとる行動は、「『美人コンテスト』で賞金をかせごうとしている読者」のような行動である（「美人コンテスト」については問二の設問の中に説明がある）。それは、次のような行動だと説明されている。

投機家の行動
- ・将来モノ不足になるかモノ余りになるかを予想するのではない
- ・自分と同じような合理的な思考をするほかの投機家の予想に先駆けて売り買いをする

←

投機家の予想の予想の予想……
（たとえば、投機家Aの予想を投機家Bが予想し、さらにそれらの予想を他の投機家を含めた投機家たちが互いに予想しあう、といったこと）

●3 投機的市場において生じる事態について

1・2の内容を再度まとめたうえで、投機的市場がこうした性格をもつことで必然的に生じる事態について述べている。これをまとめると、次のようになる。

- ・投機家同士が予想の予想という高度な予想をする

←

- ・成立する価格が、実際のモノの過不足の状態から無限級数的に離れていき、たんに投機家が予想するからその価格になるという事態が生じる

←

- ・市場価格は実体的な錨を失い、ささいなことをきっかけに突然乱高下する可能性をもつ

投機的市場においては、かつての牧歌的（**語句の意味**参照）市場ほどではないにしても、通常、価格はモノの不足とか余剰とかの実体にある程度規定されているはずだと考えられる。投機家の予想が価格を決定するにせよ、その価格はあくまでモノに対応する値段だからである。しかし現実には、市

場価格は、投機家の無限の予想の連鎖により、究極的にはそれとは無縁なところで決まってしまうというのである。

　こうした事態を説明するのに、本文では「無限級数的」などという見慣れない表現が使われているが、ここでは、この言葉の厳密な意味はわからなくても、価格がもとの価格からどんどん遠ざかっていくといったイメージがつかめれば問題はない。読解へのアクセス④**（難解な表現や用語であまり立ち止まらず、先に進もう）**に従い、本文のおおよその内容を推測して先に読み進もう。

　また、読解へのアクセス⑥**（同じような内容の言い換えに注目しよう）**を思い出し、傍線部2「市場価格は実体的な錨を失い」が右に述べた「価格は……無限級数的に乖離する」（ℓ21）と同様の内容を比喩的に言い換えた表現であるということにも注意しよう。

● 4 市場価格の乱高下が生じる理由

　3でふれた市場価格の乱高下が生じてしまう事態について、重要なことを強調している。つまり、それが「投機家の非合理性によるのではない」ということである。市場価格の突然の乱高下という現象自体は「非合理的」であるが、投機家の行動は、他の投機家の行動を予測しあうというあくまで「合理的」なものなのである。読解へのアクセス⑤**（具体例とそのまとめとを対応させよう）**に従って整理すると、次のようになる。

> ・投機家同士がおたがいの行動を何重にも予想しあう結果として、市場の価格が乱高下する
>
> ＝
>
> ・個人の合理性の追求が社会全体の非合理性を生む

ここに**「パラドックス」**（p155のキーワード）があると筆者は主張している。「合理性」がかえって「非合理性」を生む、ということが、「パラドックス（＝逆説）」なのである。

● 5 まとめ

　今まで述べてきた投機的市場についての議論を、アダム・スミスの論と対比しつつまとめている。ここではアダム・スミスの論がどういうものかということが明記されてはいないが、本文から推測すると、スミスは、投機家が利己的・合理的にふるまったとしても、市場というものは最終的に安定するものだと言っていると考えられる。これに対して筆者は、

第十問

市場においては、投機家が「合理的」に予測をするがゆえに、かえって「非合理的」な「不安定性」がつきまとってしまうのだと考えている。これが、筆者の言う「合理性のパラドックス」なのである。

最後に、**読解へのアクセス①（本文の全体構造を意識しよう）**に従って本文全体の内容を整理してみると、下段のようになる。

・投機的市場＝専門的な投機家同士による売り買い

↓

・自分と同じような合理的な思考をするほかの投機家の予想に先駆けて売り買いをする（＝美人コンテストで賞金をかせごうとしている読者のような行動）

↓

・予想の無限の連鎖

↓

・市場価格が、実際のモノの過不足とは無関係に、ささいなことで乱高下する

↓

・「合理性のパラドックス」＝個人の合理性の追求が社会全体の非合理性を生む

★解答・解説55ページ

第十一問　次の文章は夏目漱石と正岡子規をモデルにして書かれたものである。これを読んで、次の問に答えよ。

1 ソーセキが渡英した年、一九〇〇年にはパリで万国博覧会が開催されている。そこには世界各国の物資が a チンレツされていた。それらを照らし出すのは当時の*テクノロジーの最先端をいく夜間照明。世界をヨーロッパを中心に序列化し、*俯瞰《ふかん》する為の装置としてのエッフェル塔。ソーセキもロンドン到着前に訪れたパリでエッフェル塔にのぼっている。

2 「今日ハ博覧会ヲ見物致候《けんぶついたしそうろう》ガ、大仕掛ニテ何ガ何ヤラ一向方角サヘ分リ兼《かね》候。名高キ『エフエル』塔ノ上ニ登リテ四方ヲ見渡シ申《もうし》候。是《これ》ハ三百メートルノ高サニテ、(注)人間ヲ箱ニ入レテ鋼条《こうじょう》ニテツルシ上ゲ、ツルシ下ス仕掛ケニ候。博覧会ハ十日ヤ十五日見テモ大勢《たいせい》ヲ知ルガ積《せき》ノ山《やま》カト存《ぞん》ジ候。」

3 エッフェル塔の上から見れば、日本は、序列化された世界の端に位置するばかりの、見映えのしない小国である。ソーセキはこうして、ヨーロッパから「見られる」存在としての日本を、エッフェル塔の上から「見る」ことになる。日本の「発見」はソーセキの*眼差《まなざ》しを b フクザツに屈折させる。1★近代化を夢見、ヨーロッパを目指す日本からの眼差しと、そのような日本を見下し、他のアジア諸国と共に序列の端に並べる西欧の強大な帝国主義の眼差し。見る者であると同時に見ら

〔出典〕
如月小春《きさらぎこはる》
『子規からの手紙』

〔著者出題歴〕
・センター試験
・立教大学
・専修大学
・和光大学
・名城大学

れる者ともなったソーセキの中で、*自意識の混乱が始まる。資本主義のもたらす一大スペクタクルとしてのパリやロンドン。その都市的*喧噪《けんそう》の只中で、[2]ソーセキは必死に自分の名を繰り返すのだ。「My name is (注)KINNOSUKE NATSUME. I came from JAPAN.」

4 そう繰り返しながらソーセキは二十世紀最初の年のロンドンを歩く。そして、「発見」する。「往来ニテ向フカラ背ノ低キ妙《みょう》ナキタナキ奴ガ来タト思ヘバ我姿ノ鏡ニウツリシナリ。我々ノ黄(注)ナルハ当地ニ来テ始メテ成程《なるほど》ト合点《がてん》スルナリ。」

5 姿見の中にそれを見るソーセキ。彼の二十世紀はこうして、鏡の中で始まったのだ。

6 一九〇一年、即ち明治三十四年頃には、シキの病状は進んでいる。部屋の中を這《は》って移動することもかなわない。病牀《びょうしょう》のシキと、枕元の青年との対話。寝たきりになってしまっても[3]シキの旺盛な知識欲は広がり続ける世界を[c]カツボウし、新しい出来事について、矢継ぎ早やに質問を繰り返す。『病牀六尺』明治三十五年五月二十六日の記述。その中でシキは、見てみたいと思う物をあげている。

「一、活動写真
一、自転車の競争及び曲乗
一、動物園の獅子《しし》及び駝鳥《だちょう》
一、浅草水族館

一、自動電話及び紅色郵便箱
一、ビヤホール
一、女剣舞及び洋式演劇
一、蝦茶袴《えびちゃばかま》の運動会」

7 ここには、変わりつつあった東京を、博覧会的に俯瞰する眼差しがある。電話や郵便のシステムの登場、エンタテインメントの質的変貌。欧米[*]を規範として行なわれた新しい都市創造への試みの数々だ。中でも第一番にあげられた「活動写真」が、シキの「見ること」への強い欲望を示している。活動写真の登場は単に新種のゴラク[d]として以上の意味を持っていたのだ。それは一般の人々にとって、今までにはなかった視覚体験を日常的に手に入れることであった。

8 活動写真の前段ともいえる新しい視覚装置に、パノラマがある。映画が庶民のゴラクとなる前の一時的に花開いた見世物であるパノラマは、浅草をはじめとして、各都市の盛り場に相継いで出現し、人気を博した。――その仕掛け。

9 巨大な円型ドームの内側に三六〇度描かれた絵画を、中央の観覧台から眺めるのだが、近景に置き物、遠景にペンキ絵を配して照明をあて、効果音を流すと、見物人はあたかも風景の中に自分が入り込んだかのようなサッカク[e]におちいる。このような光を利用したスペクタクルはそれまでになく、パノラマは、明治の人々がはじめて出会った文明の見世物となった。内容には戦闘場面が選ばれる

第十一問

ことが多く、特に明治二十九年以降は日清戦争を題材としたものが用いられている。近代日本の、海外へ向けて拡大しようとする国家的欲望を具体化したのが日清戦争であったとするならば、その情景を臨場感*いっぱいに描き出したパノラマは、庶民の眼差しを世界に向けて解き放ってゆくメディア*として機能したといえるだろう。「見られる側」としてでなく、「見る側」に立つ為のスローガンが「脱《だつ》亜《あ》入《にゅう》欧《おう》」であり、日清戦争の勝利によって日本は、その未来を安易に楽観したのである。変わること、変わり続けることで西欧に近づき、仲間に入り、アジアを侵略することで資本主義社会としての成功を手に入れること。ただ真直ぐにそのような未来に向かうことの危険とジレンマ*を予想だにしない、明るく、健康的な眼差し。

[10] シキは病床に釘づけにされたまま、日清戦争の勝利に湧く日本にいた。そんな彼に残されていたのは、近代化を生きる人々の、外側へと広がる欲望を共有し、新しい知覚体験を、言語化することだけだった。そしてソーセキは、シキをはじめとする日本から発せられた眼差しの先端部にいた。シキとソーセキは、一本の視線の両端にいて、共に新しい世界を見つめていたのだ。だが 4 二人の見たものはあまりにも違っていた。

（注）○人間ヲ箱ニ入レテ鋼条ニテツルシ上ゲ、ツルシ下ス仕掛ケ……エレベーターのこと。
○KINNOSUKE NATSUME……夏目漱石の本名（夏目金之助）。
○黄ナル……黄色人種であること。

問一 傍線部a〜eのカタカナを漢字に改めよ。

a	b	c	d	e

問二 傍線部1「近代化を夢見、ヨーロッパを目指す日本」とあるが、日本が「近代化」を推し進めるためにしたことは、どのようなことか。それを最も端的に説明した一文を抜き出し、その最初の五字（句読点を含む）を答えよ。

問三 傍線部2「ソーセキは必死に自分の名を繰り返すのだ」とあるが、「ソーセキ」はなぜ「必死に自分の名を繰り返す」のか。その説明として最も適当なものを、次の中から一つ選び、記号で答えよ。

イ 日本的なものを否定し、西欧的な自分を築きあげようとするため。
ロ アジアから抜け出すことのできない日本というものを再確認するため。
ハ 西欧の中で、日本人としてのアイデンティティを見失わないようにするため。
ニ 日本を代表する優れた文学者としての自己を西欧に誇示するため。
ホ 醜い黄色人種としての自分を冷静に見つめ、*コンプレックスを捨てるため。

問四 傍線部3「シキの旺盛な知識欲」とあるが、なぜ「シキ」は「旺盛な知識欲」を持つようになったのか。その説明として最も適当なものを、次の中から一つ選び、記号で答えよ。

イ　長い間、病床にあったシキにとって、西欧から見られる存在としての日本のあり方を確かめるためには、さまざまな知識を通して東京という都市のありようを知るしかなかったから。

ロ　病に苦しむだけでなく、自分が日本人であることのコンプレックスにも苦しんでいたシキにとって、その苦しみから脱却するためには、東京の新しく近代的な文化を知る必要があったから。

ハ　寝たきりで動くことのできないシキが、西欧の近代文明を肌で感じていたソーセキと同じような眼差しを獲得するには、変わりつつある東京を博覧会的にながめるしかなかったから。

ニ　近代化に湧きかえっていた明治の日本にありながら、寝たきりでいることを強いられていたシキにとっては、新しい知覚体験を通して人々と近代化への欲望を共有するしかなかったから。

ホ　重病に苦しみ続けていたシキは、その病床生活の反動から、ただ真直ぐに近代化への道を突き進もうとする人々の、明るい眼差しや健康的な肉体にあこがれざるをえなかったから。

問五　傍線部4「二人の見たものはあまりにも違っていた。」とあるが、「ソーセキ」が見たのはどのようなことか。その説明として最も適当なものを、次の中から一つ選び、記号で答えよ。

イ　西欧を中心とした尺度からすれば、日本は末端の小国に過ぎないし、日本人も西欧人に比べると見映えのしない存在であるということ。

ロ　自分が日本の近代化に貢献していくためには、ヨーロッパを実際に歩き回りながら、新しい文明を吸収していくしかないということ。

ハ　日本は西欧をモデルとした新しい世界に近づきつつあり、現在の変化の先には輝ける未来が約束されているということ。

ニ　日本は、西欧の帝国主義的な眼差しで見ればアジアの小国でしかないのだから、アジアから抜け出す必要があるということ。

ホ　不格好な黄色人種である日本人は、西欧人の好奇の眼差しの前では「見られる」存在でしかないということ。

問六　筆者の考え方と合致するものを、次の中から一つ選び、記号で答えよ。

イ　あらゆる人間は平等なのだから、黄色人種である日本人も努力次第で西欧人に肩を並べることができる。

ロ　本物の西欧文化を、喜びをもって見ることのできた漱石は、同じ時代を生きた子規よりも幸せであった。

ハ　高みから世界を見下すという行為は、世界を自分の場を中心とした秩序としてとらえ直すことに通じる。

ニ　活動写真もパノラマも、日本の庶民のゴラクであり、近代西欧文明と本質的には相容れないものである。
ホ　世界各国の物資がチンレツされた万国博は、西欧諸国とそれ以外の国々とが対等の地位になった近代を象徴している。

語句の意味

テクノロジー（ℓ3）科学技術。科学技術を利用する方法の体系。

俯瞰《ふかん》する（ℓ4）高いところから見下ろす。全体を見渡す。同様の表現に、鳥のような視線でものを見ることを意味する「鳥瞰」がある。

眼差《まなざ》し（ℓ13）目の表情。視線。本文では、ものの見方や考え方の意。

自意識《じいしき》（ℓ16）キーワード（p47）参照。

喧噪《けんそう》（騒）（ℓ17）さわがしいこと。さわがしい声や音。

規範《きはん》（ℓ39）語句の意味（p133）参照。

臨場感《りんじょうかん》（ℓ54）あたかも、その場に臨んでいるような感じ。

メディア（ℓ55）手段、方法、媒体。特に新聞、テレビ、ラジオなどの情報媒体。評論文では、しばしば、二〇世紀に誕生した大衆文化、及び現代人の行動や態度に影響を与えるマス・メディアの問題が提示されるので注意しよう。

ジレンマ（ℓ60）板ばさみ。二つの事柄のうち、一方を通すと他の一方に不都合な結果が生じる苦しい立場。

コンプレックス（問三ホ）意識下に抑圧されている心のしこり。劣等感。その抑圧を受けた当人は行動に大きな影響を与えられ、逃れることができない。

（例）マザー・コンプレックス。

現代文のキーワード

近代化（きんだいか）

社会全体で、**工業化・民主化・情報化が進み、資本主義経済が発達する**など、**「近代」**（p78のキーワード）の状態に移行することを意味する。

特に、本文で問題になっている日本の「近代化」については、次にあげるようないくつかの問題点があるとされている。明治の開国によって、日本人は、優れた科学技術や合理性を持つ西欧近代文明に大きな衝撃を受けた。そして、自国の遅れた現状に危惧を抱いた明治政府は、西欧のものまねによる急速な近代化政策をとった。

現代評論において「近代化」と「西欧化」という言葉がほぼ同じ意味で使われるのは、こうした事情による。

本文ℓ56にある「**脱《だつ》亜《あ》入欧《にゅうおう》**」という言葉は、文字通り、アジアの後進性から脱して自分たちも西欧近代社会の仲間入りをしようというスローガンである。この「**脱亜入欧**」的な姿勢はアジア的なものを否定するという心性を持っており、アジア侵略に向かった近代日本の帝国主義や軍国主義につながったとされることが多い。

さらに、日本の近代化で問題になるのは、西欧近代の本質にある合理主義や個人主義などを本当に学ぼうとはしないまま、物質的・技術的面での近代化のみを押し進めてしまった点である。明治期によく使われた言葉に「**和魂洋才**《わこんようさい》」があるが、これは、日本的な魂（＝精神）を持ったまま西洋の才（＝物質文明）を学ぼうとする態度を表したものであり、精神面を無視して西欧近代の進んだ技術だけをとり入れようとしていた日本人のあり方を反映している。ちなみに夏目漱石は、そのような文明開化のあり方について、「現代日本の開化」と題する講演の中で、「外発的」で「皮相上滑り」のものであると、鋭く批判している。この批判は、現代にも引き継がれた問題として、入試現代文でもしばしば出題される。たとえば、第三問（山本雅男『イギリスの訓え』）なども、日本に本当の意味での近代が根づいていないということを前提に、いまの日本を批判するという文章であった。

本文の解説

リード文（p160参照）にもあるように、『子規からの手紙』は夏目漱石と正岡子規の自伝的事実に取材したうえで、筆者が小説として組み立てた作品である。

本文では、留学生として英国に渡ったソーセキ（夏目漱石）と、脊椎カリエスに冒された体で病床に臥すシキ（正岡子規）の姿を交互に描く。ヨーロッパの先進性を目の当たりにしたソーセキと、自由に身動きできない体で新しい文明・風俗への憧れを率直に語るシキとの間に、「**脱亜入欧**」（p168のキーワード「**近代化**」参照）をめざす明治三十年代の日本が抱え込んでいた問題の一端を浮かび上がらせようとしているのである。文中には、当時の日記をそのまま引用した文語的な表現が挿入されているし、場面の展開もはやいので読みにくかったかもしれないが、そうした部分にとらわれすぎると、むしろ本文の主旨を見逃してしまうおそれがあるので、**読解へのアクセス④**をふまえて、ここでは**特殊な語彙や難解な言い回しを過剰に意識せず読み進める**ことを心がけよう。

本文はおおまかに三つの部分に分かれる。そこで、まずそれぞれのポイントをまとめてみる。

Ⅰ…ソーセキについて（1～5）

渡英の途中にパリ万国博覧会に立ち寄ったソーセキの様子が、彼自身の手紙を引用しながら説明される。「世界をヨーロッパを中心に序列化し、俯瞰する為の装置」として、当時のテクノロジーを駆使してつくられたエッフェル塔。彼はそこで、ヨーロッパから「見られる」存在としての日本を意識する。「世界の端」に過ぎない小国からはるばるやってきたソーセキは、ヨーロッパ文明の先進性を知れば知るほど自国のみじめな現実を突きつけられるのである。近代化を夢見る眼差しと西欧の帝国主義によって見下される眼差しによって、自意識の混乱を強いられたソーセキは、こうして、統一した**アイデンティティ**（**p133のキーワード**）をもてなくなる。

Ⅱ…シキ、および彼がいた日本について（6～9）

病床から起き上がれなくなったシキは、自分が「見てみたいと思う物」を随筆に書きつけることで好奇心をまぎらわせる。見てしまったことによって屈折を抱え込んだソーセキとは逆に、見ることができないからこそ、彼の「『見ること』への強い欲望」はとめどなく広がり続ける。

シキの眼差しは、当然、日本という国家のありようそれ自体と連続している。たとえば、日清戦争の戦闘場面などを題材に、海外に勢力を拡大する近代日本の国家的欲望をスクリーンいっぱいに映し出すパノラマ。それは、たんなる娯楽としてではなく、当時の日本人の欲望そのものを映像化したという意味において、「庶民の眼差しを世界に向けて解き放ってゆく」ための重要なメディアとして機能していたのである。

「脱亜入欧」のスローガンに酔い、未来を楽観していた人々。それがどんなに危険であるかを考えもせず、いつかは西欧の仲間に入ることができると思い込んでアジア侵略による資本主義の発展を手に入れようとしたこの国の人々。それは、パノラマに映し出された世界を現実と錯覚してしまうことに似ている。そのような楽天的な眼差しを、筆者は皮肉を込めて「明るく、健康的な眼差し」と呼ぶ。

Ⅲ…全体のまとめ（10）

日清戦争の勝利に湧く日本にあって、なんの疑いもなく、アジア侵略をめざす人々と「欲望を共有」するシキ。シキが

第十一問

憧れる文明の先端部にあって屈折を抱えるソーセキ。彼らは、ともに新しい世界を見つめようとしていたにもかかわらず、実はまったく違ったものを見ていた。筆者は、それ以上語っていないが、少なくとも二人の距離の遠さそのものに、明治の日本が抱え込まなければならなかった近代化の悲劇的な側面を読み取ることはできるだろう。

以上をふまえて本文を整理すると、次のようになる。

ソーセキ

近代化をめざしてヨーロッパを夢見た日本の眼差しの「最先端」にいた（実際、西洋を見た）

ヨーロッパから見られる存在としての日本（世界の端の小国）から来た自分を発見した衝撃

→「複雑に屈折した眼差し」（単純な劣等感ではない）

⇓

「自意識の混乱」＝アイデンティティの喪失

⟷

シキ

病床にあって「見る」ことができないからこそ新しいものを見たいと思う（「博覧会的に俯瞰する眼差し」）

＝

アジア侵略にともなう危険とジレンマを予想だにしないまま、近代化をめざす人々と「欲望を共有」する（一般の日本人と同じ）

以上が本文の内容だが、最後にもう一度、次のことが読み取れているかチェックしてほしい。

①ヨーロッパを中心に序列化された時代としての近代
②多くの日本人が夢見ていた近代化（シキを含む）
③実際にヨーロッパを見てしまったソーセキの屈折

★解答・解説59ページ

第十二問

次の文章は、南木佳士の小説『ダイヤモンドダスト』の一節である。マイク・チャンドラーは、ベトナム戦争の従軍経験をもつアメリカ人宣教師で、末期癌を患い、日本のある高原の病院に入院している。香坂はその医師、和夫はそこで働く看護士で、つい先日までマイクの病室には、和夫の父の松吉も入院していた。これを読んで、後の問に答えよ。

[1] あるかなきかの高原の町の夏が終わろうとしていた。マイクの病室の窓から見える県境の峠の[a]頂には、すでに気の早い紅葉が点在し始めていた。

香坂が松吉の退院を急がせたのは、夏のピーク時で病室のやりくりができなくなったためではなく、実はマイクの病態の悪化が予想されたためらしいと気づいたのは、一週間ほどあとになってからのことだった。和夫が病室に姿を見せても、マイクはベッドに横になったまま背を向けていることが多くなった。手のつけられていない夕食のけんちん汁や塩ジャケを見ると、異国で不治の病を得てしまったアメリカ人としてのマイクが哀れに思えて、和夫はかける言葉がなかった。

[2] それから数日して、和夫が夜勤の夜、マイクの部屋からナースコールがあった。和夫は妙な胸さわぎがして、受話器を取る前に走り出した。勢いよくドアを開けると、マイクはベッドの上にあぐらをかいて肩を大きく上下させていた。カーテンを開け放してある広い窓は、深い森の闇《やみ》への入口に見えた。就寝用の小灯だけ

〔出典〕
南木佳士《なぎけいし》
『ダイヤモンドダスト』

〔著者出題歴〕
・センター試験
・福島大学
・筑波大学
・千葉大学
・京都大学
・大阪大学
・国士舘大学
・中京大学

がともる病室の入口に立つと、マイクがそのままの姿勢ですべるように森の闇に消えて行くような錯覚にとらわれた。たしかに、マイクの背中は驚くほど小さく、軽そうだった。

「どうしました」[1]和夫は窓とマイクの間に割り込んだ。

「ああ、あなたでよかった」マイクは[b]*蒼白な顔に、口の周囲だけシワを寄せた。話をすると、肉の落ちた目の縁を眼鏡《めがね》がすべり落ち、一瞬、完璧な老人の顔になった。

3 「[2]星を見ていたら、たまらなく誰かと話がしたくなったのです。ご迷惑ではありませんか」マイクは眼鏡を右手で押さえながら、頭を下げた。

ベッドの脇の丸椅子に座った和夫は首を振り、窓越しに夜空を見上げた。峠の稜線から視線を上げていくと、黒いシルエットとなって立ち並ぶ森の唐松《からまつ》の木によじ登れば手の届きそうなところに、白く冷えた星の群れが静止していた。

「ファントムで北ベトナムの橋を爆撃したときの話ですけど……。私のファントムは対空砲火を受けて燃料が漏《も》れ、エンジンにもトラブルを起して仲間から遅れたのです。北ベトナムに降下すれば、ゲリラのリンチにあうと教えられていましたから、とにかく海をめざして飛んだのです。トンキン湾沖で待つ母艦まではとても無理でしたけれど、海にさえ出ればなんとかなる、と思って必死でした。日は暮れて、周囲は深い闇でした。燃料がゼロになったとき、座席ごと脱出しました。パラシュートが開いてから、ふと上を見ると、星がありました。とてもたしかな配置で星があったのです」

マイクは落ちてくる眼鏡をいく度も右手で押し上げていたが、やがて高い鼻の先端にとどめたままにし、顔をのけ反らせて夜空を仰いだ。

「誰かこの星たちの位置をアレンジ*した人がいる。私はそのとき確信したのです。海に落ちてから、私の心はとても平和でした。その人の胸に抱かれて、星たちとおなじ規則でアレンジされている自分を見出して、心の底から安心したのです。今、星を見ていて、あのときのやすらかな気持を想い出したかったのです。誰かに話すことで想い出したかったのです」

4 話し終えると、静脈の浮くマイクの細い首から、タンのからむ嫌な音が聞こえ始めた。

和夫は肩を支え、マイクをベッドに横たえた。掌《てのひら》に背骨が直接触れる背を、静かにさすり上げた。

「とてもいいお話ですね。こんな感想しかないのが申し訳ないくらい、とてもいいお話ですね」

呼吸の荒さがおさまってきたのを見て、和夫はマイクの背から手を放した。

「検査の技術が進歩して、癌患者の予後*が正確に分かるのに、治療が追いついていない。このアンバランスはきっと、星のアレンジをしている人が、自分勝手に死さえも制御*できると思いあがった人間たちに課している試練なのだと思います。今、とても素直な気持でそう思う……思いたいのです」

　マイクは気管の奥に落ちついたタンを再び騒ぎ出させないように、とてもひくい声を用いていた。

5「よく分かる気がします。どうですか、眠れそうですか」和夫も声をおとした。

「ありがとう。おかげで休めそうです。ところで、[3]松吉さんは水車を造っていますか」マイクは眼鏡を取り、毛糸の帽子で目隠しをした。眠ろうとしているらしい。

　和夫はマイクに松吉が水車を造ると言い出したわけを聞きたかった。

　眠りにおちそうなマイクに遠慮して和夫が質問できないでいると、マイクは帽子で目を隠したまま語り始めた。

「みんなで大きいやつを造っていますよ」

「松吉さんの運転する電気鉄道の一番電車が、高原のツツジの原を走っていると、月が火山の上に出ていて、その月が沈むまで見ていられたのだそうです。ゆっくり走る電車だったのですね。森の香につつまれて電車を運転する時間を松吉さんはとても大事にしていたのです。脱線しても誰もケガをしないスピードの電車を、体の一部のように愛していたのです。だから、松吉さんは廃止の噂の出た鉄道になんとかたくさんの客を呼ぼうとして、森のすべての駅に水車を造ろうと提案したのです。実現していたら、今でもたいした人気でしょうねえ。でも、県境の駅に造り始めた水車が完成する寸前に鉄道は終わったのだそうです。水車の回る駅から、松吉さんの運転する電車に乗って、ツツジの原の上に出る月をながめて、ながめてみたかった……」

マイクの語尾が次第に消え入るとともに、浅い寝息に変わっていった。

和夫は窓のカーテンを引かずに、そっと病室をあとにした。その夜、彼は二時間おきにマイクの病室をのぞき、彼の寝息が窓の外の強い吸引力を秘めた闇にからめとられていないかと耳をすませた。

6 マイクの病状は日ごとに悪化し、酸素吸入が始められた。回診に和夫が付いたとき、香坂は c* 流暢な英語で質問をした。

「十分に闘いましたか」

香坂はマイクの咳《せき》がやむのを待って、洗練された微笑を浮かべた。

「Yes. Thank You.」

握手を求めて差し出されたマイクの骨と皮だけの手首を、指の長い香坂の手がつかんだ。

しばらく握り合っていた手を放すと、香坂は窓の方を向いて、大きく口を開いて音を殺したため息をついてから、病室を出て行った。

「もうすぐ水車が回ります」和夫はマイクの耳もとでささやいた。

「それはいい。松吉さんはいいなあ」マイクが初めて涙を見せた。

「マイクさんも早くよくなって、見に来て下さいよ」和夫は折り曲げた腰を伸ばし、軽くマイクの胸もとに手を置いた。

4「とてもいいなぐさめを、ありがとう」

和夫が耳で聞き、掌《てのひら》に感じたマイクの最後の言葉だった。

問一 傍線部a～cの漢字の読みをひらがなで答えよ。

a □　b □　c □

問二 傍線部1「和夫は窓とマイクの間に割り込んだ」とあるが、後の場面でも、和夫はこれと同様の意味をもった行動をしている。それが描かれているのはどこか。最も適当な一文を抜き出し、その最初と最後の五字ずつ（句読点なども字数に含む）を答えよ。

□□□□□～□□□□□

問三 傍線部2「星を見ていたら、たまらなく誰かと話がしたくなったのです」とあるが、マイクが「誰かと話がしたくなった」のはなぜか。本文に即して八十字以内で説明せよ。

問四　傍線部3「松吉さんは水車を造っていますか」とあるが、マイクがこのようにいったのはなぜか。その説明として最も適当なものを、次の中から一つ選び、記号で答えよ。

イ　潰*えかけている自分の命のことを考えるにつれて、暗澹*とした気分になり、退院した松吉のことを思い出したから。

ロ　和夫の話を聞いているうちに、松吉の将来のことを予感し、漠然とした不安を感じてきたから。

ハ　自らの過去を振り返り、自然と人間の望ましい関係について思いをめぐらすうちに、松吉のことが心に浮かんだから。

ニ　松吉とは違って悔いを残したままに終わりそうな自分の闘病生活を、あらためて省みることになったから。

ホ　自分の病気をなんとか克服できそうだという思いを、いまいちど確認したいという気持ちが生じてきたから。

問五　傍線部4「とてもいいなぐさめを、ありがとう」とあるが、こう言っているときのマイクの気持ちを説明したものとして最も適当なものを、次の中から一つ選び、記号で答えよ。

イ　すでに自分の死期を悟っているため、和夫のなぐさめの言葉は何にもならないと思ってはいるが、優しい気遣いを見せてくれる和夫の配慮には感謝し、その配慮に対して礼をすべきだと考えている。

ロ　松吉の話を通じて病気を克服するために闘うことの大切さをそれとなく説いてくれている和夫の言葉を聞き、彼への感謝の念を表明するとともに、自分も病気と闘っていこうと決意をあらたにしている。

ハ　治る見込みのない自分とは対照的に、病気を治癒して夢を実現しようとしている松吉についての話を聞いて、表向きの感謝の言葉とは裏腹に、心の底では鬱*屈した思いを抱えている。

ニ　自分の大事にしていたものを守ろうと尽力していた松吉が一応の目標を達成しそうだという話に心を癒されるとともに、その話をしてはげましてくれた和夫に感謝し、死を穏やかに迎えようとしている。

ホ　病気と闘ってきたにもかかわらずそれを克服できなかったという無力感に苛*まれ、虚無的な気持ちになりながらも、生への執*着を捨て去り、自らの死をありのままに受け容れようとしている。

問六 本文の内容・表現についての説明として、明らかに誤っているものを、次の中から二つ選び、記号で答えよ。

イ 随所に挿入された回想場面が、マイクを見守る和夫の内面を鮮やかに描き出している。

ロ 高原の美しい自然や季節の風物についての描写が、効果的に話を彩っている。

ハ 死期を迎えたマイクの言葉からは、彼の世界観のようなものがうかがえる。

ニ 登場人物たちの穏やかな態度が、死を描いた話全体をより静謐*なものにしている。

ホ マイクと松吉というまったく対照的な考えをもった二人の人物を軸にした話である。

ヘ 医師と看護士の、一人の患者の死に真摯*に向き合おうとする姿が描かれている。

語句の意味

蒼白《そうはく》（ℓ17）（顔色などが）青白いさま。
アレンジ（ℓ35）配列。整えて並べること。
予後《よご》（ℓ47）病気の経過についての見通し。
制御《せいぎょ》（ℓ49）語句の意味（p122）参照。
流暢《りゅうちょう》（ℓ76）言葉づかいが、すらすらとしてよどみのないさま。
潰《つい》える（問四イ）くずれてなくなる。
暗澹《あんたん》（問四イ）希望などを失って、暗く沈みこむさま。
鬱屈《うっくつ》（問五ハ）気が晴れず、ふさぎこむさま。
苛《さいな》まれる（問五ホ）せめられる。いじめられる。
執着《しゅうちゃく》（問五ホ）ひとつのことにとらわれること。
静謐《せいひつ》（問六ニ）静かで穏やかなさま。
真摯《しんし》（問六ヘ）語句の意味（p57）参照。

本文の解説

いよいよ最後の問題である。途中であきらめず、ここまでたどりついた人の健闘をたたえたい。

ここでは小説の問題を取り上げるが、こうした問題では、しばしば、本文の前に、出題部分の場面設定や登場人物の人間関係などについての説明が付されている場合がある（この説明のことを、ここではリード文と呼ぶことにする）。このリード文は読解の大きな手がかりとなることがあるので、この内容をしっかりチェックするようにしよう。

読解へのアクセス⑪

小説では、リード文に目を通すことを忘れないようにしよう

この問題でも、リード文に読解のための多くのヒントが記されている。とくに登場人物のマイクが「従軍経験」をもつ「宣教師」であり、しかも彼が「末期癌」患者であるという点が、ここでは重要だ。この点をおさえたうえで、本文を大きく四つの場面に分け、その内容を確認してみよう。

1 マイクの病状

ここでは、マイクの病状がかなり悪化しているということが説明されている。冒頭部分では季節が夏から秋へと変わるようすが描かれているが、これをマイクに死期が近づいていることを暗示したものと読むことも可能であろう。

2〜4 マイクの心情その1

ある夜、看護士の和夫がナースコール（病室からの看護人の呼び出し）を聞いてマイクの病室に行ってみると（この2の部分の内容については**設問の解説**の**問二**のところで詳しく説明する）、マイクは「星を見ていたら、たまらなく誰かと話がしたくなったのです」と言った（傍線部2）。

マイクは、自分がベトナム戦争に従軍し、飛行機から海上へ脱出したとき、空の星を見た。そして、「誰かこの星たちの位置をアレンジした人がいる」ということを確信し、「その人の胸に抱かれて、星たちとおなじ規則でアレンジされている自分を見出して、心の底から安心した」。そのときのやすらかな気持ちを想い出したくて、マイクは和夫を呼んだのである（以上3）。

続けてマイクは、癌の進行のことが正確に予想できるのにその治療が追いつかないという現状について、それを「アンバランス」だと評し、「星のアレンジをしている人が、自分勝手に死さえも制御できると思いあがった人間たちに課している試練なのだと思います」と言う（4）。「星のアレンジをしている人」とは、造物主のような絶対的存在と考えられる（リード文にマイクが「宣教師」であると書かれていたことを考えあわせれば、マイクが人間を超えた存在を信じ、それに対して敬虔の情を抱いているということも容易に想像できるだろう）。そして彼は、かつて戦場で死に直面したとき、そうした絶対者が作り上げた世界のなかに自分も配置されているという感覚をもち、それによって「やすらかな気持ち」を感じたのである（ℓ35〜38）。

5 マイクの心情その2

さらにマイクは、和夫に、かつて同じ病室に入院していた松吉の消息を尋ねる。そしてマイクは、高原のツツジの原の上を、月を背景にして、松吉の運転する電車がゆっくりと走るようすを想像する。マイクのこうした想像を、3〜4の内容と重ね合わせて読むことも可能だろう。美しい自然、そしてその自然と調和した人間の営み。これらの作り出す秩序ある世界は、美しくアレンジされ自然の摂理を象徴しているかのような星の世界にも通じるものだといえるだろう。

6 自らの死を受け容れるマイク

マイクの病状は悪化の一途をたどっていった。そしてある日、医師の香坂から「十分に闘いましたか」と問われ、マイクは「Yes. Thank You.」と答える。このマイクの答えからは、彼が病気と十分に闘ったことを認め、心おきなく死を受け容れようとしているさまがうかがえる。そしてマイクは、松吉が鉄道のための水車を完成させようとしているという話を聞いて「松吉さんはいいなあ」と言い、その話を聞かせてくれた和夫に向かって「とてもいいなぐさめを、ありがとう」と言葉をかけるのだった。

まとめ

この問題で最も重要なのは、マイクの心情と人物像を理解することである。以下の点が読みとれただろうか。

- マイクは末期癌患者であり、自らの死を受け容れようとしている。
- マイクは、この世の秩序を作り上げた絶対的な存在を信じており、その秩序のなかに自分がいると考えることで、やすらぎを得ることがあった。
- マイクは、松吉が自分の大切にしていた鉄道のために尽力しているという話を聞き、心をなぐさめられるような思いになった。

★解答・解説63ページ

〈読解へのアクセス一覧表〉

No.	① 本文の全体構造を意識しよう	② 対比関係に注目しよう	③ 先入観を排して、本文を読み進めよう	④ 難解な表現や用語であまり立ち止まらず、先に読み進もう	⑤ 具体例とそのまとめ（説明）とを対応させよう	⑥ 同じような内容の言い換えに注目しよう	⑦ 小説では、場面設定に注意しよう	⑧ 小説では、登場人物の心理を読み取ろう	⑨ 小説では、特徴のある表現に注意しよう	⑩ 難しい熟語も、一字一字の漢字から意味を推しはかろう	⑪ 小説では、リード文に目を通すことを忘れないようにしよう
例題A	○	○									
例題B	○	○	○	○							
例題C	○				○						
例題D		○				○					
第一問	○	○	○								
第二問			○		○						
第三問	○	○									
第四問		○									
第五問	○	○	○								
第六問						○	○	○	○		
第七問	○	○									
第八問		○	○								
第九問				○						○	
第十問	○			○	○	○					
第十一問				○							
第十二問											○

語句索引

（キーワードおよび重要語句は太字で示しておいた）

【あ】

【か】

河合塾
SERIES

入試現代文へのアクセス

基本編

ACCESS

解答・解説編

河合出版

解答・解説もくじ

例題

練習問題　ステップ1

練習問題　ステップ2

ら、それを解答欄に書いてオシマイという態度がまずい。その部分よりもっと良い部分があればそちらが正解になるのだし、偶然選んだ答えがたまたま正解だったとしても、それはまぐれ当たりにすぎないのである。というわけで、ここで次のような教訓を覚えておきたい。

正解へのアクセス①

つねに「より良い答え」を求めよう

問四　傍線部で言われている、「第二の教室」の「空間的」な「均質」さと「時間的」な「均質」さとはどのようなものか。**本文の解説**ですでに説明したとおりだが、もういちど確認してみよう。

・**「空間的」な均質さ**＝周縁部（監督の視線の届きにくい場所）がない
・**「時間的」な均質さ**＝決まった休み時間はなく、ふだんから放任され自由である

これをふまえて答えを作るわけだが、問題は、ここで何を答えるかだ。設問を見ると、「『時間』が『均質』である」とはどういうことかが問われている。つまり、傍線部全体では「空間」と「時間」両方の均質さが述べられているのだが、この設問で問われているのは「時間」についてだけなのである。したがって、「空間的」な均質さ、つまり周縁部がないことなどを答えても、点数にはならない。答えなければならないのは、「時間的」な均質さだけなのだ。

そして、その「時間的」な均質さは、さらに次の二点に分けることができる。

ⓐ　決まった休み時間があるわけでもない
ⓑ　ふだんから放任して自由にやらせている

あとはこれを二十字以内に短く縮めればいいわけだが、ⓐ・ⓑの2点を両方とも二十字のなかに収めるのは無理そうだから、今回はⓐ・ⓑのうちどちらかを選ぼう（ただし、もし字数が充分に与えられていれば、ⓐもⓑも書くべきである）。ここで設問を見てみると、「具体的に」という指示があることに気づくはず。ということは、より具体性の強い部分を答えた方が安全なわけで、ⓑよりもⓐの方がベターだということになる。もちろんⓑの部分を答えても完全に×というわけではないのだが、ⓐと比べてしまうと、いまひとつ具体性がない（これも、さっき述べたばかりの**正解へのアクセス①**と同じ考え方だ）。

要するに、この問題で重要なのは、設問をよく読み、よ

けいなことは答えないようにするという点だろう。

正解へのアクセス②
設問をよく読み、何が問われているのかを正確につかもう

なお字数指定のある問題の場合、記述問題でも抜き出し問題でも、**句読点や記号などはすべて一字分として数える**というのが、入試現代文の基本的なルールである。解答のマス目に文字と句点（。）を一緒に入れてしまうといったこともしてはいけない。また、冒頭のマス目を一字分空けるといったことも必要はない。

正解へのアクセス③
記述解答では、冒頭の一字は空けず、句読点や記号にも一マス用いること

ただし、実際の大学入試では、右の原則とは異なる指示が出されることもまれにある。その場合には、もちろんそのつど指示に従えばよい。

問五 このような問題では、いいかげんにカンで答えないこと。**ひとつひとつの選択肢について、本文のどの部分と対応しているか、どの部分と矛盾しているかなどを検討してみる必要がある。**最初のうちは面倒だと感じるだろうが、入試の現代文には、ある種の丁寧さがつねに必要とされるのだ。慣れないうちは時間がかかると思うが、慣れてくれば時間はかなり短縮できるはず。とくに、入試現代文の学習をまだあまりきちんとしたことがないという人は、時間のことは気にせず、じっくりと選択肢を検討してほしい。

そのうえで、消去法も使い、正解へのアクセス①にもあったように、「最も良い答え」を選んでいこう。

イ　たしかに、第一の教室において「大人の視線」を逃れることは、「自由」につながる。しかし、第二の教室の場合を考えてみよう。ここでは、子どもたちは「大人の視線」を逃れてはいる（監督がいないのだから）が、彼らは自分で自分を監督してしまい、結果的に不自由になってしまうのだった。そう考えると、この選択肢はおかしい。また、本文には、第一の教室に「遊戯の歓び」があるとは書いてあるが、「本質的な自由」がどういうものかといったことは、はっきりとは説明されていない。

ロ　「監督の存在が不明確な状況下」とは第二の教室のこと。したがって、そこで生徒が「どこまでも増長し勝手気まま」にふるまうというのはおかしい。「第二の教室」

の生徒は、最終的には「自由を思うままに行使できな」くなってしまうのだ。

ハ 「生気に満ちた遊戯の歓び」は、「いきいきした遊戯の歓び」（ℓ15）の言い換え。この「歓び」が、「不自由な状況（監督が前にいる第一の教室）」でその状況と「わたりあう（監督の目を盗んだりする）」ことから生まれるというのだから、この選択肢は本文に合致している。

ニ 「大人の評価を気にしながら」が×。子どもたちの「競争」の原因は、視線の「内面化」によって自分で自分を監視するようになることと、「相対評価システム」だったはずだ。

解答

問一 a 気配 b 徹底 c 事態 d 放任 e 行使

問二 A

問三 不在の視線

問四 とくに決まった休み時間がないということ。（20字）

問五 ハ

配点

問一 10点（2点×5）

問二 8点

問三 8点

問四 12点（同趣旨であれば可）

・「ふだんから放任し自由にさせている」は6点

問五 12点

例題B

『機械の心・動物の心』西垣 通

設問の解説

問二 本文の対比構造を把握する問題（**本文の解説**の「まとめ」p31下段の表を参照）。①の「**動物の心**」は、ℓ29に「**『温かいハート』に近い**」と書かれているので、Aの「温かいハート」の側に位置づけられる。

また②の「機械の心」は、直前の「動物の心」と対立するものであり、その「動物の心」が「温かいハート」に近いのだから、逆に「**機械の心」は、Bの「思考する頭脳」に近い**と考えられる。「思考する頭脳」に近づいた現代人が、傍線1の直後で「情報処理機械であるかのよう」な存在だと書かれている点からも、「機械の心」は「思考する頭脳」の側に位置づけてよいと思われる。

③の「ヒトの言語行動」は、直後に「その延長上にある」と書かれていて、「その延長」とは、直前の「生物同士のコミュニケーション」を指している。「生物同士」は「動物の心」で心を通わせるものなので、③は①と同じく、**Aの「温かいハート」の側に位置づけられる。**

問三 「言葉をしゃべるロボット」とは、単に「音声を発するロボット」という意味ではなく、たとえば直前に書かれている「心をもつロボット『鉄腕アトム』」のようなものを指していると考えられる。そうすると、「**言葉をしゃべるロボット」を生む「人工知能」とは、「鉄腕アトム」を生み出す「コンピュータ**」と同じだと考えられる。したがって、この設問で問われているのは、「**言葉をしゃべるロボット」の研究がだめになったのは、「人工知能＝コンピュータ」がどのような性質をもつからか、ということ**。本文で「コンピュータ」の問題点が示されているのは、[8]の後半だけ。「コンピュータは文法規則は覚えるが、言葉の意味はつかめない。」と書かれていて、これが理由に該当する。「言葉の意味」がつかめなければ、「言葉をしゃべるロボット」を生み出すこともできないはずである。

この設問では、まず直前の文脈をたどって、傍線部の「人工知能」と「コンピュータ」を結びつけることが、解答の重要な糸口になっている。このように、**傍線部の理由や内容の説明を求めたり、空欄に語句を入れる問題では、まずその傍線部や空欄の前後の文章の内容や文のつながりを重点的にチェック**し、何が問題なのかを明確化したり、その傍線部の意味がどのようなものか、あるいは空欄にどんな語句が入るか、大体の見当をつけることが重要である。

正解へのアクセス④

傍線や空欄の問題では、その傍線や空欄の前後の文脈（文の流れ）をよく確認し、解答の方向を見きわめよう

むろん空欄や傍線部の前後の内容だけで答えが判明するとは限らないが、少なくとも解答のヒントや糸口が見出せる場合が多いので、前後の文脈のチェックは重要である。

問四　「お前に心はない」と愛犬に「言えそうにない」ということは、筆者には犬に心があるように思えるということを意味する。したがって、問われているのは、〈犬に心があるように思えるのは、筆者には犬がどのように見えるからか〉ということ。あくまで「犬」の話なので、6の「類人猿やオウム」などの話は関係ない。くれぐれも、設問をよく読もう（**正解へのアクセス②**）。

「犬」については、まず7に、筆者が愛犬に話しかけ、筆者が落ち込んでいると犬も「心配そうな顔」をすると書かれている。こういう判断が生じるのは、犬にも**「感情めいたものはある（A）」**（ℓ30）と筆者が見ているからだ。さらに筆者は、愛犬が**「簡単な言葉の〝意味〟は瞬時につかむ（B）」**（ℓ34）と書いている。これも、筆者の犬の見方として落とさないこと。以上、A・B2つのポイントを四十字以内にまとめ上げればよい。「本文中の言葉を用いて」という指定なので、A・Bの二つの表現をなるべく忠実に用いて書くこと。

問五　問題の「心の病気」の原因は、まず1に**「社会の急速な情報化」**にあると書かれている。では、なぜ社会の「情報化」が、心の病気につながるのか？　2・3に、現代人が「温かいハート」のイメージを失い、**「自分が情報処理機械であるかのように」思いはじめた**という内容がある。これは、明らかに社会の「情報化」と結びついた現象だろう。では、自分を「温かいハート」の持ち主ではなく、「情報処理機械」とみなすと、なぜ「心の病気」につながるのか？

本文の冒頭部分だけでは答えが見つからないので、ここで、本文を幅広く見渡してみよう。10に、「自分の心が機械だと信じている動物の心」と書かれているとおり、人間は元来「動物の心」と同じく、感情をもって**「心を通わせよう」**（7）とする温かいハートの持ち主だったのである。それが**本来の心を見失い**、自分の心を「機械」と思って「呪縛」（9）し、心の自由を失ってしまうから「心の病気」になるのである。正解は以上の内容に合致したニ。他の選択肢については以下の通りである。

イ 「動物と同じレベルの頭脳しか持てなくなってしまった」が×。逆に「動物」と同じような心を失ってしまったことが、「心の病気」の原因なのである。

ロ 「機械の心」を作る野望が挫折したという内容は、4に書かれているが、それで「どうしていいかわからなくなった」ために「心の病気」になったという内容は、本文に書かれていない。

ハ 「人々が癒しがたい孤独を感じるようになったから」という内容が、本文にないので×。

ホ 「温かいハート」から脱却して自分の心を「機械」と信じることが正しく、それが不充分だから「心の病気」になるという内容だが、全く逆。むしろ「温かいハート」から脱却して、自分の心を「機械」と信じようとしたことが、「心の病気」の原因なのである。

ちなみに、問四・問五はかなりの難問だった。正解した諸君はすばらしいが、正解できなかった諸君も、現代文の学習が進めば、やがて必ずできるようになるはずだから、くよくよしないこと。気を取り直して次に進もう。

解答

問一 a きわ b めいそう c かんじん d じゅばく
問二 イ
問三 文法規則は覚えるが、言葉の意味はつかめない（21字）
問四 感情めいたものがあり、簡単な言葉の〝意味〟を瞬時につかむように見えるから。（37字）
問五 ニ

配点

問一 8点（2点×4）
問二 9点
問三 9点
問四 12点
・感情めいたものがあり……………6点
・簡単な言葉の〝意味〟を瞬時につかむ………6点
問五 12点

例題C 『文化人類学の視角』山口昌男

設問の解説

問二 空欄補充問題は、**前後の文脈との関係から解答の根拠を求めればよい**（正解へのアクセス④）。すると、

1と2は、

X という事例→新しい現実の説明に有効

＝

馬鹿々々しい事例→自分が言いたいことを代弁

という対応が成り立つ。したがって、X には、「馬鹿々々しい、痴れ者の戯れ」のニュアンスに最も近い、「でたらめ」という意味がある口を選べばよい。他の選択肢はいずれも「でたらめ」とは異なる意味なので×。

問三 **「具体例とまとめを対応させる」**（読解へのアクセス⑤）が実行できているかどうかを確かめる設問である。

傍線部を含む3は「〝野ブタ〟」になる具体例の段落である。そして、この「〝野ブタ〟」に関するまとめ（説明）は7・8でなされているので、この二つの段落に注目する。

まず7では、グルンバ族にとっての「交換」の重要性について述べてあり、「〝野ブタ〟」出現の理由は8で述べられていることがわかる。

そこで、説明にとって欠かせない点をおさえるならば、まず

ⓐ……交換の時に渡すものがないと面子を失ってストレスを起こす点

が読み取れるだろう。

また、ストレスを起こして次にどうなるかという内容にあたる、

ⓑ……このやり場のない感情（ストレス）に駆り立てられる点

をも、しっかり明示しなければならない。

設問には「本文中の語句を用いて」という指示があるので、このⓐ・ⓑの内容をとくに他の表現に置き換える必要はない。

また、設問の指示は「理由」の説明となっているので、**「から」**や**「ため」**や**「ので」**など**理由説明にふさわしい文末**にしておこう。

記述問題の解答というのは、何となくわかったつもりでもいざ書いてみると、解答例とずいぶん違ってしまい、がっかりする諸君も多い。けれども、面倒だからといって嫌がっていては、いつまでたっても実力は伸びない。最初は多少ポイントとずれていたとしても、何度も答案を書いているうちに、段々とポイントをおさえることができるようになるはずだ。けっして楽な作業ではないが、途中であきらめることなく、問題に取り組んでいくように。

問四　「〝野ブタ〟」と「アモック」という二つの具体例とそのまとめ（説明）の対応関係の、正確な読解を要求している。

本文の解説にあるように、二つの例のまとめ（説明）がなされているのは、7・8（特に8）と9の後半（個人の側の説明）・10（社会の側の説明）であり、ここに注目すればよい。ここからは、「〝野ブタ〟」は、交換することができないときのストレスの発散・解放であることがわかる。

また、「アモック」は、「〝野ブタ〟」より少し剣呑《けんのん》（危険）な現象で、借金を返せないことによる個人のストレスとともに、社会が抱えた危機（ストレス）の浄化・解放でもあることがわかる。したがって、両者の関係は「アモック」がより危険だという現象的な違いはあるにしても、**いずれも個人あるいは社会のストレスの解放・発散である**ことがわかるので、正解はハとなる。

イ　個人と社会との従属関係・統合関係が本文では触れられていないので×。

ロ　「〝野ブタ〟」を「パフォーマンス」としているが、本文によれば「パフォーマンス」ともいえる「交換」ができないからこそ「〝野ブタ〟」になるのであり、人目を意識し好んで行っているわけではない。したがって×。

ニ　どちらが頻繁《ひんぱん》な現象かどうか、また「〝野ブタ〟」現象が社会に対しどういう機能を持っているかが、本文では述べられていないので×。

問五　正解へのアクセス①に従って、「より良い答え」を選んでいこう。

イ　7でグルンバ族においては「交換」が「晴れがましい」ことだとは述べてある。だが、それ以外の地域をも含む社会（一般）における「交換の場」の必要性の有無については本文に何ら述べていない。したがって×。

ロ　グルンバ族特有（と思われる）「〝野ブタ〟」を「どこの社会にも存在」するとしている点が本文と異なり×。

ハ　「平常の人間として扱うべきでない」とあるが、5・6で「文化の中の許容範囲」によって「平常の人間で生涯を送れたかも知れない」と述べている。このように筆者は、ある社会では犯罪とされるような行為でも、別の社会では許容される可能性を示している。したがって社会（一般）が画一的な対応をすべきだというのは×。

ニ [7]での「交換」が「社会的コミュニケーションの根幹」になることについての内容であり、正解である。

解答

問一 a 貯蔵　b 雑多　c 緊張　d 動機　e 遂

問二 ロ

問三 交換の時に渡すものがないと、面子を失ってストレスを起こし、やり場のない感情に駆り立てられるから。（48字）

問四 ハ

問五 ニ

配点

問一 10点（2点×5）

問二 5点

問三 15点

・交換の時に渡すものがない……5点

・面子を失いストレスを起こす……5点

・やり場のない感情に駆られる……5点

問四 10点

問五 10点

例題 D 『生存のための表現』山崎正和

設問の解説

問二 **本文の解説**でも説明したように、この文章は、芸術についての一般的な話を述べた部分と、日本人の芸術観（特に短歌）に即して説明した部分とがある。傍線部1は、芸術というものが全般的に「自己表現という側面を持つ」という内容だから、解答も芸術一般について述べられている部分（2・3）にある可能性が高い。そこで、まずこのあたりで、傍線部1に関係の深い記述を探してみよう（この部分で答えが見つからなかったら、また別の部分を探してみればよい）。

　すると、ℓ6に、「芸術家というものは、自分を表現することによって、ある種の満足を味わいます」とあり、これが傍線部1を言い換えた内容だということがわかる（これは、ℓ9でも「表現するということは、何らかの意味において自己を見せびらかすことであり、自己顕示の行為であります」と言い換えられている）。どうやらこのあたりに答えがありそうだが、ここで設問を見てみると、「『表現』されるのはどのような『自己』か」とある。したがって、答えなければならないのは、自己顕示の行為そのものではなく、その行為において表現されるのはどのような「自己」なのかということである。こう考えると、ℓ11に「そこに表現される自己というものは、……だといえます」とあるのに気づく。この「……」の部分に正解がある。

　なお、この設問には「抜き出せ」という指示がある。このような**「抜き出し」問題では、本文中の表記を一字一句変えずにそのまま書き写す**こと。

問三 **正解へのアクセス④**に従って、傍線部2の**前後に注意してみる**と、そこには、

> ⓐ 彼らは確かに、「技巧的にはきわめてうまい」
> ⓑ 「自己顕示が表にちらつく」＝周囲の人々が自分をどのように見ているかということに気がつかないまま、独りよがりの演技に陥っている

という二点が示されている。したがって、このⓐとⓑのポイントを両方備えたものが正解である。

イ 「下手な演技に陥っている」が、ⓐの「技巧的にはきわめてうまい」というポイントと矛盾するので×。

ロ 「能力以上の技巧」を見せるというのは、自分のできないことを見せようとすることであって、必ずしも技術が伴っているとは限らない。したがって×。

ハ 「芸術論にまで高」めるという内容はℓ25にあるが、これは日本人についての説明である。しかし、日本人は

「臭い演技」を否定する傾向があるのだから×。

ニ　「技巧を越えた技巧」というものが何を意味するのか明確になっていないし、「表現すべき自己がなくなった」というのもおかしい。「臭い演技」は自己を強く表現しようとした結果生じるものなのだから、傍線部の「臭い演技」と選択肢の「表現すべき自己がなくなった」とはむしろ正反対の関係である。よって×。

ホ　技巧的なうまさがあるにもかかわらず、観客の反応に無自覚であるということを指摘しており、ⓐ・ⓑそれぞれのポイントを押さえているので○。

問四「詞が足りないのがよろしい」という意見が出される背景にあるのは、もちろん短歌に対する日本の伝統的な価値観である。つまり、日本人がどのような発想にもとづいて「詞」を少なくしようとしたのかということをおさえればよいわけだ。ここで注目してほしいのが7である。ここでは、冒頭で「日本の歌人の真意は何であったか……」という問題設定がなされ、段落の最後で「……というのが、いわばこの伝統的な短歌論の骨子ではないか」としめくくられている。「真意」とか「骨子」とかいった言葉が、ある問題の核心に迫ろうとする際に使われる表現であるということも、ここでは大きなヒントになるはずである。したがって、この「真意」「骨子」として説明されている内容、つまり「自己顕示が表にちらつく」のがいけないというのが、一応の解答になる。

しかし、これだけでは説明としてやや不十分だろう。なぜなら、「自己顕示が表にちらつく」ことがどうして「いけない」ことなのかが説明されていないため、解答としての完結性に欠けるからである。そう考えていくと、最終段落の最初の一文が目にとまるはずだ。日本の芸術家は、「自意識」が強く表に出すぎてしまうと「本当の意味の芸術的伝達」が「妨げられ」ると考えているのである。したがって、解答のポイントは以下の二点ということになるだろう。

ⓐ　表現の自意識・自己顕示の匂いが表にちらつくことはいけないと考える
ⓑ　本当の意味の芸術的伝達が妨げられることを心配する

7をまとめてⓐのポイントしか書かなかった人もいるかもしれないが、なぜ日本の芸術家がⓐのように考えたのかという点も考慮し、中身の濃い解答にしてほしい。

なお、本文の内容や設問の意図がよくわからないままに、本文中の重要そうな部分を適当に抜き出してつなげただけの、すじの通らない答えを書く人がいるが、それでは点数に結びつかない。記述問題は受験生の論理的思考力を確かめるためのものでもあるから、誰が読んでも意味がわかるようなすじの通った答えを書こう。

正解へのアクセス⑤

記述問題では、すじの通ったわかりやすい答えを作るよう心がけよう

問五 このような設問の場合には、各空欄が対比や言い換えの関係になっていることが多いので、一つの空欄だけを単独で考えないようにしよう。[A]・[B]については、直前に「実際にはあり得ない」とあるので、[A]・[B]は、それがもしあったらと仮定して同じことを説明した部分だということがわかる。つまり、「心」が余って（＝多くて）、「詞」が足りない（＝少ない）ということは実際にはありえないことだが、〈もしそのようなことがあったとして〉、わずかな[A]でたくさんの[B]を表現できたとすれば……〉、という文脈なのである。「わずかな[A]」というのが「詞が足りない」に対応して、「[B]を表現」するというのが「心が余って」に対応する。したがって、[A]は「詞」、[B]は「心」が入る。

次に[C]であるが、ここには「……（を）選んだ」という述語があるので、人間が選ぶのは「詞」なのか「心」なのか考えればよい。また、[A]・[B]の答えをふまえて考えてみると、[C]の直前の「その人」というのは、わずかな「詞」でたくさんの心を表現できた人、ということになる。少ない言葉で多くの心を表現できたのは、その人が数少ない「詞」をうまく選んで自分の「心」を表現したということだろう。こう考えれば、[C]に入るのは「詞」しかない。

最後に[D]だが、ここでは、筆者が言いたいことは何なのかを、もう一度考えてほしい。できるだけ少ない「詞」で「心」を伝えることこそが求められていたはずであるから、ここでの「[D]は十分に足りている」は、もちろん、〈「詞」が少なかったとしても十分に足りている……〉ということになる。また、これも直前の[C]とのつながりで考えるとわかりやすい。「その人」は、数少ない「詞」をみごとに選んだ人だった。となれば、その人の選んだ「詞」は、数少なくても「心」を表現するのに十分なだけ「足りている」ということになるはずである。空欄どうしが密接な関係を持っているため、ひとつの答えを間違ってしまうと他も間違ってしまう可能性がある。注意しよう。

解答

問一 a 不愉快　b 省　c 厳密　d 妨

問二 多くの芸術的な訓練、あるいは修練によって変形された自己（27字）

問三 ホ

問四 表現の自意識が表に出てしまうと、本当の意味の芸術的伝達が妨げられるという考え方。（40字）

問五 A＝1　B＝2　C＝1　D＝1

配点

問一 8点（2点×4）

問二 8点

問三 6点

問四 12点

・表現の自意識が表に出てしまう……………6点

・本当の意味の芸術的伝達が妨げられる………6点

問五 16点（4点×4）

第一問　『私にわかっていることは』沢木耕太郎

設問の解説

問二　「コメント」についての筆者の見解は、主に1～2に書かれていた。特に筆者の見解として重要なのは以下の点である。

> ⓐ「一昔も前からほとんど変わっていそうにない紋切型の意見」（ℓ4～5）である点
> ⓑ「心の底から納得させられることは稀だ」（ℓ10）という点
> ⓒ「事実の裏打ちのない意見は思いつきの域をでることがない」（ℓ20～21）という点

これらから、筆者が「コメント」について**否定的な意見**をもっていることは明らかだろう。正解は、ⓒⓐⓑの順で以上の三点を的確に反映したロである。他の選択肢については以下のとおり。

イ　「どの時代にも妥当する正しい意見」だという断定が、ℓ7の「あるいは存在するのかもしれない」という不確定な判断と対応しない。また、「感心させられる」も、右のⓑの否定的な意見に反している。

ハ　「とても興味深い」という肯定的な意見が、ⓑ・ⓒの否定的な見解に反している。

ニ　依頼を断る理由として「喋った内容が正確に伝わらない」ことをあげている点が、ℓ14～16の「自分の喋ったことが正確に伝わらないからとか……が理由ではない」に反している。

ホ　一見ⓐに合致しているように見えるが、筆者は、「変わらないことが悪いというわけではない。いつの時代にも妥当する正しい意見というものが、あるいは存在するのかもしれない」（ℓ6～7）と述べているので、「変化のない」意見だから「信用できない」わけではない。

問三　まず**正解へのアクセス④**に従い、**空欄の前後の文脈をよく確認する**。筆者が「事件」が起きた原因など「わからない」という直前の内容を受けて、「わかっていることは、X だけだ」という前後関係になっている。したがって問われているのは、〈**「事件」について「わからない」ことを強調する筆者にとって、唯一「わかっていること」は何か**〉ということ。くれぐれも**何が問われているのかを正確につかもう**（**正解へのアクセス②**）。

これについてはまず、5で「調べれば調べるほどわからなくなってくる」（ℓ32）ものの、「どこがわからないかははっきりしてくる」（ℓ34）と述べている。つまり、調べることによって「どこがわからないか」が、より明確化してくる（＝わかってくる）のである。しかし、X で問われているのは、〈調べることで明確化すること〉ではなく、〈最初から「わかっている」こと〉なので、「どこがわからないか」は解答にならない。

そうすると、7の「**わかっていることは、わからないということだけ**。私にとっての確かな出発点はそこにしかなく」という表現が、X の前後の文脈と対応していることに気づくだろう。筆者は、〈最初からわかっていることは「わからない」ということだけであり、調べるにつれて何が「わからない」かがより明確にわかってくる〉、と述べているのである。正解は、「**わからないということ**」である。

問四　まず、正解へのアクセス②に従い、**何が問われているのかを正確につかもう**。求められているのは、傍線部2と傍線部3の「違い」の説明である。次に、正解へのアクセス④に従い、**それぞれの傍線部の前後の文脈を押さえる**。

傍線部2（前者）については、傍線部直後に「いかにも胡散臭い（＝疑わしい）から逆に救われている」と書かれている。なぜ「胡散臭い」と「救われ」るのか？　それは、ℓ42以下に書かれるとおり、「一種の仮説」と受け取られ、それを「そのまま信じてしまう人はあまりいない」からである。一方、傍線部3（後者）については、これも直後に「仮説にすぎないということを忘れ……真実だと思い込んでしまう」点で、「危険なものに転化していく可能性を孕んでいる」と述べられている。傍線部2と3のそれぞれについての筆者の見解を押さえたところで、次にその「違い」をどう説明するかだが、「違い」は、二つの事柄がもつ対照的な性質を示すことで明らかになる。特に以下のⓐⓑとⓒⓓのポイントの対比が重要となる。

〈前者〉		〈後者〉
ⓐ胡散臭く仮説と受け取られるため	↔	ⓑ真実と思い込まれるため
↓		↓
ⓒ救われる	↔	ⓓ危険である

右の対照的な性質をよく整理して、対比して解答すること。なお「胡散臭い」や「仮説」という言葉をそのまま用いていいのか、迷った人もいたかもしれない。けれども「仮説」は「真実」と対照的な表現として筆者が意図的に用いている言葉であり、また設問には「本文中の語句を用いて……説明せよ」とあるので、そのまま用いて解答すればよい。

それから、解答の順序として、「前者」「後者」のどちらを先に書いてもよい。

この問題のように、**二つの事柄の違いを説明させる設問**

は、入試でよく出題される。このような問題で、たとえば、「前者は胡散臭く仮説と受け取られるため救われるが、後者は逆である」という解答をよく見かけるが、これでは後者がどう逆なのかわかりにくい。きちんと前者と対比して後者の性質も明確に示す必要がある。

また、「胡散臭い仮説と受け取られて救われるか、救われないかの違い」という解答も、どちらが「胡散臭い仮説と受け取られて救われる」のかがわからない。

したがって、AとBの違いを問う問題では、必ず「Aは……だが、Bは……。」と主語を明らかにして、A・Bそれぞれの性質を明示し、両者を対比させて「違い」を整理して解答しなければならない。以下のことを覚えておこう

正解へのアクセス⑥

「……の違いを述べよ」という問題では、二つを対比させて答えよう

問五　選択肢を順番に検討していこう。

イ　「事実を調べてもわからなくなるだけで、調べないのと同じことである」が×。事実を調べることで「どこがわからないかはっきりしてくる」（ℓ34）と書かれているので、「調べないのと同じ」とは言えない。「余計な詮索をせず、何も語らないに越したことはない」という主張も本文にない。

ロ　「自分が無知であることを自覚している人」が「あらゆる物事について語れるようになる」が×。むしろ語ることに「極めて慎重」（ℓ23）で「口ごもる」（ℓ24）のである。

ハ　「にべもなく断る」が×。「断るのは辛い」（ℓ13）が、「仕方なく」（ℓ28）断るのであり、しかも「冗談まじり」（ℓ31）の言い訳をして「相手も笑って許してくれる」わけだから、けっして「にべもなく」断っているわけではない。

ニ　選択肢前半は、ℓ31〜32に合致する。また、後半はℓ26に合致する。これが正解。

ホ　「いくら取材しても明確になることなど何もなく」が×。事実を取材することで「どこがわからないかははっきりしてくる」（ℓ34）と書かれているので、「何も」明確にならないわけではない。

第一問

解答

問一 a 掲　b 歪　c 詳細
d 慎重　e 冗談

問二 ロ

問三 わからないということ（10字）

問四 前者は胡散臭い仮説と受け取られやすいため救われるが、後者は唯一の真実と思い込まれやすく危険である。（49字）

問五 ニ

配点

問一 10点（2点×5）

問二 9点

問三 9点

問四 12点
・前者は胡散臭い……………………2点
・〃　仮説と受け取られやすい………2点
（真実と思われない）
・〃　救われる……………………3点
・後者は真実と思い込まれやすく……2点
・〃　危険…………………………3点

問五 10点

第二問　『ことばの本性』築島謙三

設問の解説

問二　選択肢のなかから、いくつかの空欄に接続詞や副詞を入れていく問題では、最初から順番に入れようとするのではなく、いちばん解答が決まりやすいところからあてはめていこう。

正解へのアクセス⑦
空欄補充問題では、解答しやすいところから入れていこう

この設問では A がロ・ハ・ニあたりで迷うので、解答の決まりやすい B・C から入れていった方がいい。接続詞の問題も、空欄補充の問題のセオリーに従って、**空欄の前後の文脈を正確につかむ**こと（正解へのアクセス④）。B は直前の「ワニと自分らとは、ソセンを共有する」という考えがあるから、直後の「ワニと人間とを同じワクの中に入れて考える」事態が素直に導き出されるので、**順接の関係**。ロの「したがって」が正解となる。C は直前の「文化がちがえば」意味も「思わぬちがいがある」ことの**具体例**として、直後の「ヨメ、分家、神、先輩などのもつ特殊な意味合い」を「英語に翻訳することができるであろうか」という問題提起がなされているので、ハの「たとえば」が正解になる。

さて残った A だが、すでにロとハは解答に使ったので、イの「たとえ」かニの「なるほど」のどちらかが入る。「たとえ」という副詞は、「〜としても・〜しようが」などの表現をあとに伴い、仮定表現を構成するものであるが、A の直後はこうした表現が見られないし、仮定の文脈でもないので、ここには入らない（もちろん B・C にも入らない）。したがって正解はニの「なるほど」になる。普通「なるほど」は、「たしかに」や「もちろん」と同じように、「なるほど……だが〜」というかたちで、**いったん読者や相手の考えに同調しておいて、さらに自分の主張を強く打ち出す**場合に使われる。ここでは、直前の「（白い牛）などの）具体的な事物を指すことばであっても、抽象性がないということはない」という判断が、読者にとって納得しにくいことなので、筆者は A の直後で、いったん読者の常識に同調して「（なるほど）木やウシにあたることばと、個々の種類の木やウシだけを指すことばとの差は小さくない」と言っておいて、「（が、しかし）白いウシだけを指すことばはやはり白いウシの全部を総称している」と自分の主張を打ち出しているのだ。

最初に述べた通り、この A にはニだけでなくロやハも意味的に入らないわけではない。しかし B はロ以外に入らないし、C もロやニは入らずハに決まるので、消去法で A はニに決まるのである。

第二問

問三　指示語の指示内容の問題。指示語の問題になると、指示語の前の文脈ばかり見て答えを探しがちだが、まず「この方」を含む一文に注目してもらいたい。「この方」を受ける述語は「全く誤りであって」という部分であるから、ここで「この方」の指示内容は「全く誤り」だと認められる〈何らかの考え〉であることがわかる。しかもその直後で「抽象性がない」という考えが誤りであることが示されているから、「この方」の指示内容は、〈抽象性がないという考え方〉であることが推測される。この推測にもとづいて指示語の前の部分に注目すると、三行前の「かれらには物事を抽象する能力が欠けている」という考えが指示内容として浮かびあがる。あとは「かれら」が不明確なので、「未開社会」の人々であることを明示すれば正解となるはずだ。こうした指示語の問題では、以下のことに注意しよう。

正解へのアクセス⑧

指示語の問題では、前後の文脈をよく考えて、解答候補は一度指示語の部分に代入して確認しよう

以上のように、**指示語の問題でも、まず指示語を含む文脈（特に後の文脈）をしっかりおさえ、解答の方向を正確につかんでから、本文中（多くは前の文中）から適切な箇所を探し出すこと**が重要である。

問四　これも**正解へのアクセス④**に従って、まず**空欄の前後の文脈に注目しよう。**空欄の直前に「これらの事実によって」とあるが、「これらの事実」とは、ここまでの内容からすると、われわれのように「木」や「ウシ」などのことばはもたないが、「赤いウシ」「白いウシ」に該当することばをもつ種族や、「ゴムの木」「垣の木」に該当することばをもつ種族がいるという事実である。つまり「これらの事実」とは、〈われわれと異なることばをもつ人々がいるという事実〉であることをおさえておこう（さらに空欄の前で筆者が、彼らは物事を抽象する能力に欠けるのではなく、われわれと異なるが別の抽象の意味世界を頭の中に持っているのだと判断していることにも注目しておいてもらいたい）。

第二問

次に空欄の後の文脈だが、直後の一文が「というのは……だからである。」という理由説明の文になっていることに注目する。長い一文だが、内容をまとめると、「ウシ」ということばを持つわれわれと、「白いウシ」「赤いウシ」に相当することばしか持たない人々とでは、ウシ一匹を見る心が異なるというものである。もっと単純にいうと、直後の一文は〈なぜなら、ことばが違えばものを見る心も異なるはずだからだ〉と要約できる。

以上のことから、空欄の直前で話題になっているのは〈われわれと異なることばをもつ人々がいるという事実〉で、それに対する筆者の判断が［甲］に入り、その判断の根拠として〈ことばが違えば、ものを見る心も異なるはずだ。〉という一文が来る、という文章の流れになっていることがわかる。そうすると、特に直後の一文の内容から判断して、［甲］には**「ことば」と「ものの見方」あるいは「心」の結びつきに関わるものが入る**ことが推測される。

イ　ことばが「信頼に足るものではない」とあるが、先述したように、本文がいっているのは〈ことばが違えばものを見る心も異なる〉ということであって、ことばそのものが「信頼に足るものではない」などとはいっていない。したがって×。

ロ　イと同様に、「真の具体的ことば」という表現が×。

ハ　〈ことばが違えば、ものを見る心も異なる〉のだから、単純に「より細かな区分を持つことば」へと向かっていけばいいというものではない。したがって×。

ニ　「思考」（＝ものの見方・心）と「ことば」が密接な関係にあるということを指摘しており、空欄の前後の文脈に適応するので○。

ホ　筆者は［3］で、「事象の区分、分類」に関して、「未開社会と文明社会」との間に顕著な相違があることを指摘していたが、「事象の区分、分類」とは頭の中で物事を一般化して整理することであるから、明らかに「抽象」と関わっている。したがって「抽象の意味世界のあり方」においても、当然「文明社会と未開社会の差異」が認められるわけで、この選択肢は×となる。

問五　傍線部2を簡単にいうと、〈アメリカ人と日本人が、同じサクラということばで同じ木の花を呼んでも、そこには大きな違いがある〉という主旨になる。そして問題になっているのはその理由、すなわち、なぜアメリカ人と日本人では、ことばも対象となる木も同じなのに、そこに大きな違いが生じるのかということである。こうした理由説明の問題では、**特に正解へのアクセス②**にあるように、**設問の意図を正確におさえよう。**

さて、問われている内容を確認したところで、**傍線部の前後の文脈に注目しよう**（**正解へのアクセス④**）。直前で、

第二問

筆者は日本の桜が古くから歌に詠まれたり、徳の象徴となったりして「サクラ」ということばが独特の「歴史的風情」を帯びていることを指摘している。お花見の文化的風習から、酒宴の気分と結びついていることも見逃せない。こうした内容を受けているのが傍線部だから、問題になっているアメリカと日本の違いは、結局のところ、「サクラ」ということばの歴史的・文化的ニュアンスの違いによって生じたことになる。この点を踏まえて選択肢をみてみよう。

イ「異なる気候風土」とあるが、これは歴史や文化とは次元が違う問題なので×。

ロ「歴史や文化の培ったことばの意味合い」の違いというレベルで捉えているので、これが○。

ハ　本文でワシントンのサクラも日本のサクラも「同じ木の花」といっているのだから、「植物自体が異なる」という部分が×。植物自体は同じだが、それに対する見方が異なるのである。

ニ「意味まで統一しても」とあるが、筆者は細かな意味・ニュアンスが同一でないことを指摘しているのであるから×。この選択肢は、後半でも「花見の習慣の統一」を問題にしているだけで、歴史的事情が無視されている。

ホ「言語体系」や「文法」や「発音」の違いが問題なのではなく、歴史や文化の違いだといっているのだから、これも×。

問六　各選択肢について、順番に選択肢と本文との対応をチェックしていこう。

イ　オーストラリアの原住民を「非理性的」で「文明化は難しい」ととらえているが、筆者はオーストラリアの原住民を、われわれと異なる事象の分類をしている人々の例③としてあげているだけである。②で「未開社会」の人々が「物事を抽象する能力」を欠いているという説を「誤り」だという通り、筆者が文明社会人と未開原住民の知的能力の差を否定している点から見ても、イは×である。

ロ　タスマニア人は、本文冒頭で「木」ということばをもたず「ゴムの木」などのことばをもつ人々として紹介されている。したがって、②の内容と照らし合わせると、「ゴムの木」という抽象的概念はもつだろうが、「木」に類することばがない以上、「われわれと同様の『木』」という抽象的な概念」は持ちえないことになる。したがって、ロは×。

ハ　本文の解説の終わりに述べておいた通り、筆者はこの文章で、それぞれの文化によってものの見方が異なることを指摘しているだけで、どの見方が正確かというようなことを述べてはいない。したがってハも×。

第二問

ニ　本文冒頭で、チェロキー族は、「洗う」ということばをもたず洗う物に応じて「洗う」ということばをもつ種族として紹介されている。2の内容と照らし合わせると、〈洗う〉ことに関してわれわれと異なる「抽象の意味世界」をもち、同じく〈洗う〉ことに関して異なった現実の把握をしていることになるので○。

ホ　前半は正しいが、後半の「科学の世界の斉一化した事象の区分はまちがっている」が本文の内容と違う。たしかに3で筆者は「一般社会」と「科学」での物事の区分の仕方を対比しているが、科学の区分がまちがっているとはいってない。また、筆者が科学をどう考えているかは、3のわずかな記述からは読み取ることが困難であり、本文からホのような判断を下すことはできないので×。

解答

問一　a　証拠　b　珍奇　c　顕著
d　極端　e　祖先
問二　A＝ニ　B＝ロ　C＝ハ
問三　未開社会の人間は物事を抽象する能力が欠けているという考え方。（30字）
問四　ニ
問五　ロ
問六　ニ

配点

問一　10点（2点×5）
問二　6点（2点×3）
問三　8点
問四　8点
問五　9点
問六　9点

第三問 『イギリスの訓え』山本雅男

設問の解説

問二 まずは、正解へのアクセス②にしたがって、**設問をよく読む**。すると、傍線部の直接的な意味や理由が問われているわけではなく、傍線部の前提にある筆者の考え方が問われているのがわかる。したがって、傍線部の前後だけから答えを速断するのは危険だ。実際、選択肢を見ても、傍線部の前後とは一見無関係な内容のものが並んでいる。このように、**解答の根拠がすぐにわからないような設問の場合には、本文全体の内容や主旨（筆者の言おうとしていること）から答えを判断する**ということが大切だ。

正解へのアクセス⑨
とらえどころのない問題では、本文全体の主旨に即して解答を考えよう

また、どんなかたちの設問でも、**つねに「より良い答え」を選ぶ**（正解へのアクセス①）という態度が大切だ。そのためには、目についた答えをいきなり選ぶのではなく、不適当な選択肢を丁寧に除いていくという作業も必要だ。そこで、これまでも述べてきたことだが、もういちど次のことを確認しておこう。

正解へのアクセス⑩
選択肢の問題では、消去法を活用すること

それでは、この二つのアクセス⑨・⑩を意識しながら、選択肢を一つ一つ検討していこう。

イ・ロ・ハについては、[4]の最後の部分の記述に気がつけば、比較的容易に×にできるだろう。

イは、「日本の近代はヨーロッパ近代を乗り越えられない」が×。これでは、筆者が日本は永遠にヨーロッパに追いつけないと言っていることになってしまう。また、〈乗り越える〉というと、ヨーロッパとまったく同じ方向を目指し、先行するヨーロッパを追い越すというニュアンスになってしまうが、筆者は、「ヨーロッパ近代型のモデルとは異なる、われわれ独自の座標軸を模索する」べきだと述べているのだ。

ロは、「伝統的な共同体を解体していくしかない」が、ℓ47の「家族や共同体といった人間の絆を維持しつつ」と明らかに矛盾する。

ハは、「西欧近代的な生き方を実現すべきだ」が、ℓ48の「ヨーロッパ近代型のモデルとは異なる……模索する必要

第三問

があるだろう」と矛盾している。

ニはやや難しい。この選択肢には、とくに本文と矛盾するようなことが書かれているわけではない。しかし、この選択肢は問われていることと対応していない。たしかにヨーロッパ近代においては、「理性」が偏重されすぎたあまり、「窮屈な状況」が招来された。しかし、そのことと傍線部とは関係がない。傍線部は日本の現状であり、日本人の生活にゆとりがないことの原因は、西欧において理性が重んじられたからではないのである。この選択肢にひっかかった人は、もういちど、**設問をよく読み何が問われているのかを正確につかむ**（正解へのアクセス②）ということを確認しておこう。

ホは、最終段落前半の内容に合致している。傍線部でいう「豊かさ」や「落ち着き」は、「物の豊富さ」だけで「事足りるものではない」。それよりも「多様性に対する許容」が、暮らしに「自信」を与えるはずだ、というのが筆者の考えなのだ。

問三　本文の解説（p81）の図を見てほしい。傍線部の「窮屈な状況」とは、この図の中でヨーロッパの方の**〈B　悪い面〉**とされていることとイコール。つまり、ヨーロッパの近代がもたらした「理性の横暴」や「越権」、あるいは近代の「行きすぎ」という状況なのだ。そして、そのような行きすぎた状況の中身を具体的に見てみると、非合理な要素が否定されてしまったこと（ℓ16）、地球環境の抑圧（ℓ20）、ヨーロッパの老人が孤独そうに見える生を送るようになったこと（ℓ26）、人間同士が紐帯を失ったこと（ℓ46）などがあげられる。

今回の設問は、「あてはまらないもの」つまり傍線部とイコールではないものを選ぶのだから、ニが答えになる。他の選択肢は、すべて右に述べた「行きすぎ」た状況を具体的に言い換えたもの。しかしニだけは、ヨーロッパの状況ではなく、現代日本の悪い状況である。傍線部がヨーロッパ近代のことだとわかれば、日本のことを説明しているニが傍線部とズレているのがわかるはずだ。まちがった人は、正解へのアクセス④（**傍線部の前後の文脈をよく確認し、解答の方向を見きわめよう**）をもういちど確認しよう。

なお、傍線部2の「窮屈」は、傍線部3の「窮屈」と異なるものなので、この二つを混同しないように。傍線部2はヨーロッパ近代においてもたらされた「窮屈な状況」であるが、傍線部3は、日本の社会の「窮屈さ」である（p81図を参照）。そしてこの問三では、ニだけが日本の窮屈さを説明した選択肢であり、残りの4つの選択肢が傍線部2でいうヨーロッパの窮屈な状況を説明したものなのだ。このように、**同じ言葉でも文脈によって使われる意味が異なる場合がある**ので、注意しよう。

第三問

問四　**設問をよく読み、何が問われているのかを確認しよう**（正解へのアクセス②）。西欧をよく知る人々は、「当地（西欧）」では解放感を感じる。ところが、日本では逆に「窮屈さ」を感じることになる。それは、日本の社会に原因がある。では、日本の社会はどういう社会なのか。これが設問で問われていることだ。

　ここで注意してほしいのは、**日本と西欧とが対比的に説明されている**という点。これに気がつけば、傍線部直後の「同一性のなかの不快」が日本で人々の感じる感覚であり、「多様性のなかの安らぎ」が西欧で人々の感じる感覚だとわかるはずだ。したがって、この「不快」は傍線部の「窮屈さ」とイコールであり、その原因は「同一性」にあるということになる。そこで、この「同一性」を答えにすればいいことになるわけだが、設問に「日本の社会がどのような社会だからか」とあるのに注意。たとえば「同一性のある社会」といった答えでは、なんのことだか意味がよくわからない。そこでもう少し後まで本文を読み進めていくと、日本の社会が「同質社会」であり「同質であることを（人々に）強いる」社会だと述べられているのが見つかる。ここを使えば文句なしの正解だ。

　この問題の場合、解答の方向性はなんとなくわかっても、それを短い字数でうまく表現するのが難しかったかもしれない。正解へのアクセス⑤（**記述問題では、すじの通ったわかりやすい答えを心がけよう**）を確認し、より良い表現を本文から探すこと。

問五　筆者が結論として述べていることが問われている。

　傍線部の「虚飾に惑わされない実質の価値」を見出すとは、「豊かな暮らし」（ℓ53）を送ることとほぼイコールだろう。そのためには、「多様性」を「許容」するなどの姿勢が必要だ（ℓ52）。ただし、ここを答えればいいというわけではない。多様性を許容するということはヨーロッパ近代を見習うということなのだが、筆者は、たんにヨーロッパ近代を見習えばよいと言っているわけではなかった。なぜなら、本文の解説でも説明したように、ヨーロッパ近代には、問三でも見たような「窮屈な状況」を招くというマイナス面もあったからである。そこで筆者は、「ヨーロッパ近代型のモデルとは異なる、われわれ独自の座標軸を模索する必要がある」と述べていた。この部分が正解。一文の最初の五字という指定なので、センテンス冒頭の「家族や共同」を答える。

　なお、「独自の座標軸を模索する」とはどういうことかが具体的に述べられていないため、この部分が正解箇所としてやや物足りないと思った人もいたかもしれない。しかし、この一文全体を読めば、ここで筆者が、日本的なものを維持しつつ西欧に学べと言っており、これが「独自」な方向を模索するということだとわかるはずだ。また、解答にした文の「……する必要があるだろう」という文末も、「どうするべき」かという設問の問いかけに対してうまく対応しており、やはりここが「最も良い答え」だといえる。

第三問

解答

問一 a 体現　b 濃厚　c 越権
d 真剣　e 雑踏

問二 ホ

問三 ニ

問四 人々に同質であることを強いる社会だから。（20字）

問五 家族や共同

配点

問一 10点（2点×5）

問二 12点

問三 8点

問四 10点（同趣旨であれば可）
・文末の「だから」はなくてもよい。

問五 10点

第四問 『複雑系の意匠』中村量空

設問の解説

問二 まず挿入する一文をみると、「『客観化の原理』は、見る者の主観をすべて排除する。」とあるので、この一文の前後には「客観化の原理」についての説明があり、挿入文はその内容を簡潔に言い換えた一文であることがわかる。

正解へのアクセス⑪
脱落文は、まず脱落文自体の内容に注目し、前後の文脈を論理的に推測してみよう

ここで、読解へのアクセス①（**本文の全体構造を意識しよう**）を利用して本文を見ていくと、5に「科学的方法を基礎づける」もののひとつとして「客観化の原理」があるという説明があり、「客観化の原理」はここではじめて登場していることがわかる。したがって、科学が独自の道を歩みはじめるきっかけにしか言及していない4には脱落文を挿入できない。

次に5だが、ここに「客観化の原理」という語があるので、②が正解と考えた人もいるだろう。しかし、5はあくまでも「科学的方法」にはそれを基礎づける「二つの原理」があるということを言っているだけで、その内容までは明らかにされていないので正解とは即断しにくい。

では6以降はどうだろう。6では「客観化の原理」が話題の中心になり、その内容が的確に説明されている。また、「主観を除外する」という表現は、挿入文にある「主観をすべて排除する」という部分とも対応する。したがって、この段落にある③が○となる。ただし、その箇所が内容的にふさわしいからといって、必ずそこに入るとは限らないので、挿入文を加えて文章を読み通したときに、きちんと意味が通じているか、文章に飛躍や呼応関係の乱れがないかなどをチェックすることを忘れないようにしよう。

また、こうした設問の場合は、**消去法を活用**（正解へのアクセス⑩）して、他の箇所では間違いになるということも確認しておかなければならない。

④は直前に「『客観的なもの』ではなかった」とあるので、字面《じづら》だけみるとここに挿入してもいいようにみえるが、この段落はあくまでも、ダンテが活躍した時代＝科学的な認識が登場する以前、について説明しているだけである。さきほど述べたように、「客観化の原理」というのは科学的方法を支える原理であって、ダンテの世界とはむしろ相反することになるから、これは×となる。

最後の⑤は、確かに科学の説明をしているところである。しかし、ここでの焦点は「力学的な法則」が「必要最小限の原因」から説明しようとする考え方に絞られており、「客観化の原理」そのものについては触れられていない。

　こうして、③以外のすべての箇所が条件をみたさないことになり正解が決まる。

問三　傍線部を含む文章は「科学的方法を基礎づける二つの原理」となっているので、この設問は「二つの原理」（「客観化の原理」と「理解可能性の原理」）について具体的に説明する問題だということがわかる。また、本文は[7]以降ダンテの話題に転換するので、ここでは**傍線前後を中心に、[6]までの内容に関して、文脈をよく確認しよう**（正解へのアクセス④）。

　まず一つめの「客観化の原理」についてみてみよう。[6]には、「主体」を「観察対象から分離することによって願いをかなえる」「実に巧妙な方法だった」とあり、「方法」という表現が傍線部と対応している。これが「客観化の原理」にあたることはすぐに理解できるだろう。

　次にポイントの二つめにあたる「理解可能性の原理」。それにふさわしい部分をさがすと、同じく[6]に「その成果」が「万人に共有される」という表現がある。「理解」＝「万人に共有」というわけである。

　こうして、この問題では、以下の二点が解答の重要な要素となる。

> A　「主体」を「観察対象から分離することで願いをかなえる」こと
> B　その「成果」が「万人に共有される」こと

　ただし、「成果」ということばは、それだけでは具体的な説明にならないので、同じ段落内でそれにあたるものをさがすと、「得られた知識の体系」という表現がみつかる。あとは、それぞれをできる限り簡潔にして四十字という制限内に収めるように工夫するだけである。

問四　傍線部の前後を読んでも、「占星術師」そのものに関する記述は見られない。したがって、ここでは、次のことに注意しよう。

> **正解へのアクセス⑫**
> **傍線部と同じ話題や語句が出てくる箇所に着目しよう**

　本文中で傍線部以外に「占星術師」についての記述があるのは[2]だけである。**本文の解説**でも述べたように、[2]ではガリレオ以前に天体の運行を観測していた人間を「占星術師」と呼んでいる。いまの常識で考えると、「占星術師」というのは、どうも非科学なイメージが強いが、近代の天文学が発達する以前は、「特殊」な「能力」をもつだけでなく、当時として最先端の「計測器」を使いこなして惑星の位置や運行を測定していたのである。したがって、正解は「計測器」の利用と特殊な能力の持ち主という点で[2]の内容とほぼ重なるロ。

　では、その他の選択肢はどうだろうか。

イ「唯一、天体の詳細な動きを正確に見ることができた」とあるが、[3]に望遠鏡が出現するまでは「誰一人」天体の「詳細な像」を「見ることができず……」とあるので×。

ハ「肉眼で捉えることのできた人間」とあり、「計測器」を利用していたことに言及されていない。また、彼らの特殊な能力が具体的にどのようなものだったのかという点について本文では明らかになっていないので、「肉眼で……」という記述そのものが間違い。

ニ　先にも述べたように、当時の「占星術師」たちは、その時代の技術を駆使して天体の動きを観測していたのだから、こちらは選択肢前半の「星の動きの精細な観察は怠っていた」が×。

ホ「神の声をききとどけ」とか、「人間の未来を言い当てる」とかいった表現があるが、これはともに本文に書かれていない内容なので明らかに×。傍線部直後の「予言」という言葉から連想して、本文をよく読まず一般常識にとらわれてはいけない。

　こうして正解はロということになるが、この設問で重要なのは、「占星術師」が何の根拠もなく「予言」を行ったのではなく、「計測器」を用いて自分の能力を高めていたことに着目できるかどうかである。逆にいえば、その点に関する記述がなければ、正解とはいえないのである。

問五　**語句の意味**でも説明したように、「聖域」というのは人智の及ばない神聖な場所をさす。傍線部前後の文脈に照らしていえば、「ガリレオ以降の人たち」は、「宇宙の世界」というものを「自然界の力学的な法則の現れ」としてしか捉えられなくなり、そこに、人間の力の及ばない神聖な領域を感じることができなくなったというわけである。

　また、本文には「聖域」という表現がもう一度使われており（[9]冒頭）、そこには「神と聖域は、それを感得する人間と不可分である」と書かれている。（**正解へのアクセス⑫「傍線部と同じ話題や語句が出てくる箇所に着目しよう」**）。その直後の文脈から、「聖域」というのは、「それまで」、科学以前に「人間が感じ取っていたさまざまな現象」だということがわかる。要するに、それは、どうやって観測しようとしても客観的に理解して示すことができないもの＝人間が感じ取るものなのである。

そうした点をふまえて選択肢を見ていくと、正解はイとなる。イは、「科学的な知識では説明できず」という部分も「人々が主観的に感じとるしかない」という部分も、本文の記述と対応しているからである。

次にロだが、こちらは人間が「合理的な仮説」に基いて作ったという記述がおかしい。「合理的な仮説」は客観的な考え方に基くものだが、本文がいう「聖域」とは、「人間が感じ取っていた」もの、すなわち主観的な領域に属するものだからである。したがってロは×。

ハは、後半の「人間世界に秩序をもたらす源」という部分がおかしい。もし「聖域」が「秩序」の源だとすれば、科学が発達したことによって、人間世界は「秩序」を失ったということになってしまうからである。

ニとホは、「安息できる領域」、「誰でもたどりつくことのできた」がそれぞれ×。「聖域」というのは、人間の力の及ばない領域であり、けっして、そこに「安息」したり「誰でもたどりつけた」りするものではないからである。

「聖域」については、本文にストレートに書かれていないので、実感しにくかったかもしれないが、あえて本文の表現から探るなら、7にあるように、「苦悩から解き放たれて、神の愛に包まれたい」と願った人間がたどりつこうとした「至上天」と考えていいだろう。

問六 **正解へのアクセス②**にもあるように、まずは**設問をよく読み、「本文の主旨に合致し<ruby>な</ruby>いもの」という条件を見落とさないように注意しよう。**また、「合致しないもの」を一つ選ぶということは、他の四つの選択肢はすべて本文の主旨を説明しているということなので、このような問題は慎重に解答を選び、残りの選択肢の内容を他の設問を理解するときの手助けに活用しよう。

イ　8で説明されている内容である。ニュートンは「万有引力の法則こそが、必要最小限の原因」だと考えて「仮説はつくらぬ」と宣言したが、選択肢イは、まさにそれを言い換えたものとなる。したがって本文の主旨に合っているといえる。

ロ　4にある「観測者（主体）と対象（客体）との分離を科学者が自覚したときから、科学は独自の道を歩むようになった」という表現と完全に対応しているので、本文の主旨に合っている。

ハ　後半の「今日、人間の感覚を重視する風潮が強まっている」という部分が本文の主旨と合致していないので、これが答えになる。なぜなら、6に「得られた知識の体系から、感覚的な性質（主観）はすべて除外される」とあるし、9にも「人間が感じ取っていたさまざまな現象

第四問

が、より詳細に理解できる」ようになったことで、「人間の感覚は」「軽視されるようになった」とある。こうしたことからもわかるように、本文では一貫して人間の感覚が「軽視」されるような傾向にあると説明されているからである。

ニ 7に、ダンテが「キリスト教の教義にしたがった宗教的な宇宙」像をもっていたとあるので、本文の内容に合致する。

ホ 選択肢前半の「ガリレオに感動をもたらした望遠鏡の観測」について、6で「ガリレオが星界の詳細を見たその最初の感動」と説明されている。また、後半の「人間の感覚の排除を促した」については、ハの選択肢と同様、6に「得られた知識の体系から、感覚的な性質(主観)はすべて除外される」とあり、どちらも本文の主旨に合うことがわかる。

解答

問一 a 画期的　b 覗　c 契機　d 巧妙　e 壮大

問二 ③

問三 主体を観察対象から分離することによって、知識の体系を万人に共有させる方法。(37字)

問四 ロ

問五 イ

問六 ハ

配点

問一 10点(2点×5)

問二 6点

問三 10点

・主体を観察対象から分離する……………5点

・知識を万人に共有させる…………………5点

問四 6点

問五 8点

問六 10点

第五問『マンネリズムのすすめ』丘沢静也

設問の解説

問二　設問をよく読んで、何が問われているのかを正確に把握しよう（正解へのアクセス②）。問われているのは、「オリジナル」が重んじられるようになった理由である。そして傍線部を見ると、そのことは「文字」と深く関係しているとある。したがってこの問題では、なぜ文字の登場によって「オリジナル」が重んじられるようになったのかということを答えればよいのである。

さらに、「オリジナル」とはどういう意味かを考えてみよう。p101のキーワードにあるように、「オリジナル」とは物真似ではなく独自に作られた原作のこと。したがって、こうした「オリジナル」と「文字」との関連性が述べられている箇所にヒントがある。その箇所は⑩。この段落に、「文字テキスト」の登場によってオリジナリティ（＝「誰が書いたのか」「ほかのテキストとの違い」「新しさ」）が「なくてはならないもの」だと思われるようになったとある。こうした内容をまとめればよいわけである。ポイントは次のようになる。

> ⓐ　印刷機が発明され
> ⓑ　文字テキストが流通するようになったことで
> ⓒ　著作権、独自性、創造性がなくてはならないものと思われるようになった

ⓐのポイントを書かなかった人も多いだろうが、この内容は、「文字テキスト」が普及した理由として必要である。また、ⓒを「著作権」「独自性」「創造性」といった言葉を使わず、「誰が書いたのか……」などといった書き方にした人もいただろう。もちろんそれも間違いではないが、この部分の字数が長くなってしまい、ⓐやⓑの内容が書けなくなってしまう可能性がある。**入試現代文の記述問題は字数制限がぎりぎりに設定されていることが多いから、できるだけ無駄を省いた簡潔な表現を使い、必要な要素をきちんと盛りこんだ解答を書いたほうがよい**のである。

正解へのアクセス⑬
記述問題の答えは、中身の濃いものを

また、⑧や⑨の内容を書いた人もいたかもしれないが、それでは正解にはならない。設問には「どういうことが

第五問

あったからか」とあるのだから、オリジナルが重視されるようになった過程で実際にあったことを答えるべきだろう。8や9の内容は、たんに文字の特徴であり、文字によるオリジナルが重視されるようになった理由ではない。次のことも確認しておこう。

正解へのアクセス⑭
問われていることと無関係なことを答えないようにしよう

なお、右の注意は、今回のような記述問題の場合だけでなく、選択肢問題を解く際にも必要である。選択肢問題でも、本文中に述べられている内容ではあるが問われていることとは無関係な誤答を選んだりしないよう、充分に注意してもらいたい。

問三　問われているのは「文字」で書かれたものの特徴。「誤っている」ものを選べという設問の指示を確認したうえで、それぞれの選択肢について検討していこう。

イ　ℓ38～40の内容に合致している。

ロ　6の内容、とくにℓ30～31に合致している。

ハ　1～4などの内容に合致している。いちど書かれたものでも、それが読まれ伝わるうちに、表現や内容は変わっていくのである。ℓ40～42も、そうしたことを比喩的に表現した部分と考えていいだろう。

ニ　ℓ30～31の内容に矛盾している。社会が複雑になっていくと、「文字」で書かれた文書は不可欠なものになっていくのである。したがって、このニが「誤っている」ものである。

ホ　ℓ35～37の内容に合致している。

問四　**語句の意味**にあるとおり、「テキスト至上主義」とは、書かれたものに最も高い価値を置く考え方のこと。しかも傍線部の前後を見ると、この「テキスト至上主義」とは、「個性」や「独自性」などを重んじる態度だということがわかる。そうした態度にもとづくテキストの読み方を「具体的」に示した「一文」を抜き出せばよいのである。

「テキスト」やその「独自性」を重視して書かれたものを読むというのだから、当然その読み方は、テキストから「逸脱」しないようにそれを忠実に読む読み方ということになる。そうした読み方を具体的にいえば、「疑問符とピリオドのちがいひとつ見落とさないように、目を皿のようにして文字テキストを追いかける」（ℓ11～12）ような読み方だといっていいだろう。この部分を含む一文の、冒頭の五字を答えれば正解である。

第五問

6・10・11などにも「テキスト至上主義」については述べられているが、「読み方」について「具体的」に説明されているのは、正解箇所だけである。正解できなかった人は、あらためて**設問をよく読む**（**正解へのアクセス②**）ということを心がけよう。

問五　傍線部およびそれに続く部分は、傍線部直前の内容を、比喩を使って言い表したものである。つまり、「個性とかオリジナリティ」は「些細なこと」にすぎないということが、ここでは比喩的に言い表されているのだ。

ℓ57〜58で筆者は、森にできた道について、「最初に誰が歩いたのか」ということや、道の「独自」性ということは問題にならないと述べている。これは、テキストを「最初に誰が書いたのか」ということやテキストの「独自性」ということにこだわるべきではないということだろう。では、なぜこだわらなくてもよいのか。

それは、道が、多くの人の歩いた跡というかたちで「自然に」できるものだからである。書かれたテキストは、多くの人に伝わっていくなかで、その内容や表現などを変化させていく。また、そのときどきのコンテキスト（**語句の意味**参照）に応じて、さまざまなかたちで読まれ、解釈される。そんなことがくり返されていくうちに、オリジナルのテキストは変化し、そこに書かれていることについてのわかりやすい解釈や一般的な読み方といったものが「自然に」できてくる。そうしたことが、傍線部とそれ以降の部分では述べられているのである。

以上の内容に最も即しているホが正解。右に述べたような事情は、書かれたテキストだけでなく、「メールヘン」のような「口伝えの話」でも同じ。いずれも、多くの人へと伝わるなかで、内容や表現、解釈の仕方などを変化させていくのである。

他の選択肢については以下のとおり。

イ　テキストを解釈する際には「原作を書いた者の意志を尊重」すべきだという趣旨の選択肢。これは本文の論旨とは正反対だ。筆者は、必要以上に「原作」（＝オリジナル）にこだわるべきではないと言っているのである。

ロ　選択肢後半の内容が×。傍線部によれば、語られる内容の変化は「意図」的なものではなく、「自然に」行われるものなのだ。またℓ15にも、「たんなるミスなのか、意図的な変更なのか」は「わからない」とある。

ハ　まず、選択肢後半の内容が×。「書かれたテキスト」も、人から人へと伝わっていく間に「オリジナリティ」から離れていくことはよくあるのである。また、選択肢全体が「口伝えの話」と「書かれたテキスト」とを対比したかたちになっている点も、本文の論旨に即していない。筆者は、「メールヘン」のような「口伝えの話」と

第五問

「書かれたテキスト」とを、とくに区別してはいないはずである。

ニ　選択肢前半では、「もともとオリジナルが確定できない」メールヘンも、書かれることで「オリジナル」として確定するといったことが書かれている。しかし、そうした内容は本文には述べられていない。また、いちど確定された「テキスト」が「ほとんど変化はしなくなる」というのも、明らかに本文と矛盾した内容である。

解答

問一　a　伴奏　b　異同　c　喪失　d　縛
問二　印刷機の発明で文字テキストが流通するようになり、それらを扱う際に著作権や独自性や創造性が不可欠なものになったということ。(60字)
問三　ニ
問四　私たちは普
問五　ホ

配点

問一　8点(2点×4)
問二　14点
・印刷機の発明……………………………………4点
・文字テキストの流通……………………………4点
・著作権、独自性、創造性が大切になる………6点
(「著作権」「独自性」「創造性」のどれか一つが欠けるごとに、2点減)
(右のそれぞれの代わりに、「誰が書いたのか」「ほかのテキストとの違い」「新しさ」でも可)
問三　9点
問四　9点
問五　10点

第六問　『ノルウェイの森』村上春樹

設問の解説

問二　まず[A]について、**空欄を含む一文に注意する**（正解へのアクセス④）と、「[A]なんかではない」とあり、そのすぐ後に「死は僕という存在の中に本来的に既に含まれている」とある。空欄には「僕」の死に対する考えとは異なる、見解を示す語句が入ることがわかる。しかも、「僕」の死に対する考えは、ここにいたるまでにくりかえし述べられており（本文の解説）、特に「死は生の対極としてではなく、その一部として存在している」という一文に注目すれば、ロの「対極」が正解と分かるはずだ。

　イ、ハ、ニ、ホのいずれも、「僕」の死についての考え方とつながりをもつ内容になってしまうので、どれも×。

　次に[B]についても、まず、**空欄の前後の文脈に注意し**て（正解へのアクセス④）、「そんな息苦しい[B]」にあたる内容を確認しなければならない。直前で「息苦しい」ものとしてすぐ目につくのは、「死は深刻な事実だった」である。しかし、〈深刻な事実としての死〉を[B]に当てはまる内容と考え、それに結びつく内容の選択肢を探してみると、そうした深刻さに該当するものはない。このような時はすぐに頭を切り換えて、別の方向から考えてみることが重要である。

　つまり、[B]の内容が直前の〈深刻な事実としての死〉と考えると解答が出ないのだから、もう少し範囲を広げ、直前の数行を読んで[B]に対応する内容を考え直してみると、「深刻になることは必ずしも真実に近づくことと同義ではない」と感じながらも、「どう考えてみたところで死は深刻な事実だった」という、死についての矛盾した考えのありよう全体が[B]の内容だと考えられる。

　この〈死についての矛盾した考え〉に注目して選択肢を検討してみると、イの「背反性」（語句の意味）がぴったりと合うので正解。

　ロ〜ホについては、語句の意味でふれてあるように、いずれも〈矛盾した〉という意味はないのでどれも×。

　正解を出すまでに少し面倒な手続きを踏んだが、[B]のように、解答がすぐに確定できないときには、さまざまな方向から設問について考え、納得のいく答えを出すよう、ふだんから心がけておこう。本文や設問に対してどれだけ多角的にアプローチできるかが、難問が解けるかどうかの分かれ目でもあるのだ。

正解へのアクセス⑮
解答に確信が持てないときには、別の方向から考えてみよう

第六問

問三　空欄を含む一文を確認する〈正解へのアクセス④〉と、十八歳の春、身のうちに感じていたものに相当する語句を入れればいいことがわかる。ここまで、「僕」の気分はいろいろな表現で述べられていた。候補としては、「キズキを捉えた死」、あるいは、「死というもの」などがあるが、ここでも**設問はよく読むこと**〈正解へのアクセス②〉。これらはいずれも、「本文中で比喩的に使われている語句」という指示に該当しない。そこで**比喩表現**〈p110のキーワード〉という条件に即して本文を探すと、「空気のかたまり」がみつかるはずだ。

本文で二度くりかえされている語句であるし、「ひとつの空気のかたまりとして身のうちに感じたのだ」（ℓ39）という表現は、今問題になっている部分の「身のうちに感じ」と正確に対応することから、「空気のかたまり」が正解。

問四　傍線部の表現に表れた「僕」の心情が問われているが、傍線部の前後からは直接読み取れない。このようにとらえどころのない設問の場合は、**本文の主旨に即して考えよう**〈正解へのアクセス⑨〉。**本文の解説**でふれたように、「事件は終った」といいながら、本文後半部を読むと、キズキの死にとらわれており、「僕」の中ではこの事件は終わらなかったことがわかる。「僕」の中では終わりはしないが、とりあえず世間的には「新聞に小さく記事が載って」事件は終了させられたわけである。そんな「世間」のあり方と「僕」の気持ちのズレに着目して選択肢を検討しよう。

イ　解答の根拠となる〈世間とのズレ〉にふれていないので×。

ロ　「世間」にふれていないし、「僕」は特に「真相」を伝えようとはしていないので×。

ハ　「僕」の「世間」に対する「距離」＝〈ズレの感覚〉が述べられているので、これが正解。

ニ　「安心感」とあるが、キズキの死にこだわっている「僕」の気持ちと矛盾しているので×。

ホ　「真相を究明しようとしない」が×。「僕」は真相を究明してほしいわけではない。

問五　「そんなもの」とは具体的には、ビリヤード台や白い花や火葬場の煙など複数のものを指すが、設問では、「どのようなものか」と聞かれている。したがって、これらをすべてまとめる適切な表現、すなわち共通性を考えて解答しなければならない。「忘れようとしている」のは、もちろん物自体ではなく、それらの物が思い起こさせるキズキの死である。ℓ40に「文鎮の中にも、ビリヤード台の上にも……死は存在していた」とあり、これらのものが「死」を思い起こさせるものであることを確認することができる。

そこで「キズキの死」と、それを「思い起こさせる」あ

第六問

るいはそれと「かかわる」という内容の語句をおりこめばよいことが分かる。

直観的に理解していても、制限字数内でまとめ、いざ書こうとすると難しいものである。しっかり練習しておこう。

問六　傍線部を含む一文全体から、「僕」を「捉えて」いたものが、「あの十七歳の五月にキズキを捉えた死」であることがまずわかる。

また、「死は僕という存在の中に本来的に既に含まれているのだし、……忘れ去ることのできるものではないのだ」（ℓ50）とあることから、「僕」をとらえていたのは、友人の死のみならず、**自分の生の中にある「死」の存在でもある**ことに注意しなければならない。この二点を中心に選択肢を検討すればよい。

イ　「無念な気持ちが理解でき」の部分が、前半部の「僕」にはキズキの死の動機がわからなかった（ℓ16）という内容と矛盾するので×。

ロ　「いつか死ぬかもしれないと不安になって」が不適。「いつか、死ぬかもしれない」と考えることは、むしろかつての考え方である「死はいつか確実に……ことはないのだ」（ℓ44）に近い内容であり、死は生の一部であると考える今の「僕」の考え方とは異なるものである。

ハ　「これまでの生き方が空しいものに」が不適。傍線部の時点で、これまでの自分の生き方をふりかえっているわけではない。

ニ　キズキの死をきっかけにして、かつて生の対極にあった死が、生の一部として存在していることと正確に対応しているので正解。

ホ　「生死を混同する」が不適。「僕」は、「死は生の一部である」というふうに、「死」と「生」の関係づけを自分なりに了解した（ℓ49～51）のであり、死と生を「混同」（＝区別すべきものを混ぜて、一つにする）しているわけではない。また、「すべてがどうでもよくなり」も不適。「僕」は、なげやりになっているわけではない。

解答

問一　a　の　b　とら　c　しごく　d　すで

問二　A＝ロ　B＝イ

問三　空気のかたまり（7字）

問四　ハ

問五　キズキの死を連想させるもの（13字）

問六　ニ

配点

問一　8点（2点×4）

問二　8点（4点×2）

問三　7点

問四　7点

問五　10点
・キズキの死……5点
・（キズキの死を）連想させるもの……5点

問六　10点

第七問 『安全学』村上陽一郎

設問の解説

問二 まず正解へのアクセス②に従い、**問われていることが何かに注意**しよう。設問では、傍線部の「言い分」とは「どういう主張」なのかを説明することが要求されている。したがって、正解にたどり着く前提として、〈誰が何についてどのように主張しているのか〉を正確に読み取ることが必要である。そして、こうした点について詳しく述べてあるのは、「かつてアメリカの技術史家リン・ホワイト・ジュニアは……と言うのである」（ℓ20～24）の部分であることが見て取れるはずだ。とりわけ文末の「と言うのである」が傍線部の「言い分」という表現にもぴったり対応するので、自信を持ってこの箇所が正解の根拠だと判断できるだろう。この箇所の内容を重要な要素に分割してまとめると、

ⓐ キリスト教が今日の地球環境の危機の元凶
ⓑ （ⓐの理由は、）人間は自然を自由に搾取してよいという捉え方
ⓒ （ⓑは、）「創世記」を根拠にしている

となるので、これをまとめればよい。

なお、「この言い分」の内容として傍線部直前の④のみを答えればよいと考えた人がいたかもしれない。だが、④の「この見解」に対応する内容は③にあり、また④だけではⓐ・ⓒのポイントが抜け落ちてしまう。したがってこの設問では、③の該当箇所の方がより豊富な内容が得られることに注意しなければならない。正解へのアクセス⑬にあったとおり、**記述問題の答えは中身の濃いものを作るように心がけよう。**

問三 まず、「一七世紀までのヨーロッパ」の自然観について述べてある①・②と⑧の前半に注目すると、

ⓐ 自然は神が創造し支配している（②）
ⓑ 人間の能力を超えている（①・②）
ⓒ 人為の介入はできるだけ避けられている（②）
ⓓ 畏敬の念を持ち謙虚さがある（⑧）

というポイントが得られる。したがって正解はニ。「神の被造物である自然」がⓐに、「人間の支配や能力を超える」がⓑに、「ある程度以上の自然への人為の介入を避け」がⓒに、「畏敬」「控えめ（＝謙虚）な姿勢」がⓓに合致している。他の選択肢については以下のとおり。

イ 「人為を一切介入させようとしない」とあるが、これで

第七問

は自然にまったく働きかけないことになる。ℓ11〜12に「ある程度以上の自然への人為の介入は忌避され」とあるのだから、「ある程度」は人為を介入させているのだ。

ロ 「その（＝自然の）制御を神に期待する」が×。「自然のなかで人為を如何に生かすか」（ℓ12）ということを考え、「自然の前の人為の無力さを自覚するような謙虚さ」（ℓ40〜41）をもっていたのが一七世紀までのヨーロッパの人々である。要するに、かつてのヨーロッパ人は、「神に期待」しようがしまいが、「自然」を「制御」しようとしてはいなかったのである。

ハ 「自然を管理・支配しよう」という部分が間違っている。ロの説明でも述べたように、一七世紀までのヨーロッパの人々は、自然のありようを尊重しようとしていたのであり、こうした姿勢と「自然を管理・支配しよう」という態度は、明らかに矛盾する。

ホ 「人間は地上の支配者であるから、自然を恣意的に制御し搾取してもかまわない」という考え方は、一八世紀以降の自然観であり、一七世紀までの自然観とは正反対で、ⓐ〜ⓓのいずれのポイントにも合致しない。

問四 まず正解へのアクセス⑫に従い、**傍線部と同じ話題や語句が出てくる箇所に着目しよう。** するとℓ33〜34「そこ（＝啓蒙）から『文明』という概念も誕生した」、およびℓ35「『文明』という概念は、啓蒙主義のイデオロギーに裏付けられたものである」という記述が見つかる。ここから、「『文明』のイデオロギー」の説明には「啓蒙主義」の内容理解が不可欠であることがわかる。そこで、6・7から「啓蒙」に関する内容をまとめると、

ⓐ 人間をキリスト教という迷蒙《めいもう》から解放する
ⓑ 人間理性ですべてを人為化し再編成すべき

というポイントが得られる。さらに、正解へのアクセス④に従い、**傍線部前後の文脈に着目**すると、傍線部を含む一文の後半に「人間は、自己の欲望を解放し、解放された欲望の充足のために、自然をできる限り支配し、制御し、搾取することを、自らの課題とする」とある。ここからは、

ⓒ （ⓐ・ⓑにもとづき）人間の欲望充足のために
自然を支配し搾取する

というポイントが得られる。したがって正解はハ。「宗教から解放された」がⓐに、「理性に依拠して全世界を再編成すべき」がⓑに、「（啓蒙）という観点から、自己の欲望充足のためにできる限り自然を支配しようとする」がⓒに合致している。他の選択肢については以下のとおり。

第七問

イ　「自然と人為の調和した」が間違い。「すべてを、人間理性の支配の下に再編成する」（ℓ32〜33）、あるいは「人間の悟性のみを頼りに、すべての世界構造を再編成」（ℓ36〜37）とあるように、自然の徹底した人為化を進めようというのが啓蒙主義のイデオロギーであり、「自然と人為の調和」など求めてはいない。

ロ　まず、「神が人間の理性によって形成された概念」が、本文で一切述べられていない内容である。また、ℓ46によれば「自然をできる限り支配し」ようとしているだけで、「自然を完全に制御できる」とまでは本文で述べられていない。

ニ　「世界中の人々を宗教の支配から解放することを課題にしている」という部分が×。本文では、一八世紀ヨーロッパの特徴である啓蒙主義がキリスト教からの解放を望んだことは明示されているが、ヨーロッパ以外の地域における他の宗教については何も述べられていない。また、正解に必要なポイントも欠落している。

ホ　「人間が神から与えられた使命」という部分が、ℓ31〜32の「人間をキリスト教という迷蒙から解放し」という内容と明らかに矛盾する。

問五　正解へのアクセス④に従い、**傍線部前後の文脈に着目**すると、「そこからくる危険」が直前にある「『自然』の脅威」のことであることは容易に読み取れるだろう。しかしながら、「自然」に関する説明は本文のあちこちで述べられており、解答を求める方向が定まらない。そこで正解へのアクセス②（**設問をよく読み、何が問われているのかを正確につかもう**）に従うと、「具体的に述べられている」という設問の指示に着目できるはずだ。ここから、「『自然』の脅威」が「具体的に述べられている」[1]に注目すればよいことがわかる。そうすれば、「地震、津波、……など」が「『自然の脅威』と呼ばれるもの」であり、それが「人間にとって、最大の危険であった」と述べられている文（ℓ1〜3）が正解だとわかるはずだ。

問六　選択肢を順番に検討していこう。

イ　ℓ47〜48に「人為によって支配され、制御されていない『自然』は、『野蛮』であり、『未開』であり、『非文明的』である」とある。つまり、「自然」を人為化しなければ「野蛮」だと否定するのが文明のイデオロギーなのである。そしてℓ53〜55で、この文明のイデオロギーにもとづき、近代化と同義である文明化（＝自然の人為化）の進み具合によって「先進国」ひいては「途上国」という概念が造られることが述べられている。以上の内容に合致しているこの選択肢が正解である。

ロ　「住居や食料の不足および病気と怪我は最大の脅威」と

第七問

いう部分が間違い。[1]で述べられているように、これらは共同体の知恵である程度対応できるが、「自然の脅威」はどうにもならず、これのみが「最大の危険」すなわち「最大の脅威」であった。

ハ　キリスト教に「できる限り自然を改変することが人間の最大の使命」という考え方がある、という内容は、本文のどこにも述べられていない。「できる限り自然を改変」しようとするのは、キリスト教的な考えではなく、むしろ啓蒙主義および文明のイデオロギーである。なお、[3]～[4]で、キリスト教が人間に自然の利用を許しているという告発があることを紹介しているが、筆者はこうした捉え方を根本的な誤りと否定している。

ニ　「自然条件の厳しい地域ほど」「宗教が生まれ」やすいかどうかは、本文では一切述べられていない。

ホ　「自然を徹底的に支配し制御すべきだという考え方」は、一八世紀ヨーロッパにおいて登場した啓蒙主義・文明のイデオロギーのことであり、「どのような文化圏にも存在した」わけではない。

解答

問一　a 緊急　b 腐心　c 趣　d 欠陥　e 追随

問二　キリスト教は「創世記」を根拠に、自然を人間の自由になるものと捉えたが、それが今日の地球環境の危機をもたらしたという主張。（60字）

問三　ニ

問四　ハ

問五　地震、津波

問六　イ

配点

問一　10点（2点×5）

問二　10点
・「創世記」を根拠にしている……2点
・キリスト教は、人間が自然を自由にできるという考え（＝人間は自然を支配・搾取できる）……5点
・今日の環境危機の原因はキリスト教……3点

問三　8点

問四　8点

問五　6点

問六　8点

第八問 『子ども観の近代』河原和枝

設問の解説

問二 まず傍線部にある「このような観念」とはどのような観念であるかを、**前後の文脈から確認しよう**（正解へのアクセス④）。すると傍線部の前の内容から、現実とは違うのに「子どもは純粋無垢である」とつい見なしてしまうわれわれの「観念」だ、ということがわかるはずだ。設問の意図は、このような子ども観がどのようにして生じたのかをきいている。したがって、子どもを純粋無垢とする見方の形成が説明されている部分を探せば正解の根拠が求められることになる。

そこで子どもを特別扱いすることに関して述べてある段落を探すと、「今日のわれわれの子ども観、つまり、〜特別な愛情と教育の対象として子どもをとらえる見方」という書き出しで始まる6がすぐに見つかるはずだ。

ここではまず、歴史家アリエスの考えに基づき、「近代の西欧社会で形成されたものである」と述べられている。ついで7に注目すると、「日本では、〜近代西欧の子ども観の影響を受けながら」とあるので、子どもについてのわれわれ（＝現在の日本）の観念は、「近代西欧社会で形成され」その「影響を受け」たことがその由来であるとわかる。

以上から、傍線部の指示内容である

ⓐ 子どもは純粋無垢という観念
ⓑ ⓐは、近代西欧社会の考えの影響

という2ポイントが正確に述べられているハが正解。他の選択肢については以下の通り。

イ 「いつも世知を発揮する」の部分が、「ときには思わぬ世知を発揮」（1）に合致しない。また、「近代的な人間主義」のことは本文では扱われていないので、いずれの点でも×。

ロ 単に「年齢」について説明しているだけで、「観念」の内容およびその由来について何も説明がないので×。

このように、選択肢の内容が本文と矛盾していないと、ついつい選んでしまう人もいるかもしれないが、設問の要求に対応していないものは正解とはならないことに注意しよう。

ニ 「近代の西欧で形成された子ども観が全世界に広まった」という部分が、「社会が異なれば、さまざまに異なった子ども観がある」（ℓ32）に矛盾するので×。

ホ 子ども観は近代以降に形成されたのだから、「伝統的な理想を重視する大人により」という部分があきらかに本文と異なり×。

問三　年齢については②・③で説明されているのだから、ここを注目すればよいことはただちにわかるはずだ。

とりわけ③では「つまり年齢とは」で始まる文と次の文で、本文における「年齢」の意味が示されている。しかも、その二つの文を受けて「そのようにして社会が年齢を基準に構成メンバーを分ける際のもっとも基本的な区分なのである」と、傍線部とほとんど同じ内容になっている。

つまり、「年齢」にはここで規定されているような意味があるからこそ、社会の構成メンバーを分ける「もっとも基本的な区分」になる、という順序で説明されているのである。

そこで、「年齢」が人びとを区分する理由として、「つまり年齢とは」以降の二文の内容をまとめると、

> ⓐ　年齢は単に生物学的なプロセスではなくそのプロセスに社会が与えたイメージである
> ⓑ　そのイメージには社会の文化や歴史など様々な要素が複雑に織り込まれている

という内容になる。

しかし、この二つのポイントをそのまま結びつけると、指定字数を軽くオーバーしてしまう。このように、字数制限のためにポイントの内容を凝縮する必要がある時は、より重要な内容を優先しなければならない。ここではⓐポイントが「単に〜でなく、〜である」という形になっているので、「〜でなく」という部分より「〜である」という部分を、積極的で中身の濃い内容として優先すべきである。

> **正解へのアクセス⑯**
> **記述問題では、重要な内容から優先的に答えていこう**

また、二つのポイントを単に羅列するのでなく、「年齢は、〜という要素を含んだイメージとして社会から付与されている」というふうにⓑの内容をⓐに盛り込むと、よりまとまりのある答案になるはずだ。

問四　まず設問の要求をしっかり確認しよう。傍線部そのものは「西欧」での「社会の近代化」における「〈子ども〉」の誕生についてふれてある。だが、要求されているのは「社会の近代化」以前の子どもがどのようにみられていたかである。そこで西欧における近代化以前の子どもについて説明してある⑥に注目すると、「ヨーロッパでも中世においては、子どもは大人と較べて身体は小さく能力は劣るものの、いわば『小さな大人』とみなされ」とあるので、小

第八問

さな大人、という正解が導きだせる。

なお本文では「小さな大人」と表記されており、このままだと七字で字数オーバーだと勘違いした人がいたかもしれない。たしかに、**正解へのアクセス③**で確認したとおり字数指定で〇字以内というと句読点やカッコなども字数の中に含まれるのが普通である。だが、〇文字というのが設問の指示なので、ここではカッコや句読点を含まない文字だけの数で考えてもよいことになる。**設問をよく読む**という**正解へのアクセス②**を忘れないように。

問五 日本における「〈子ども〉の誕生」については傍線部を含む7から最終段落までに説明されているので、その内容と選択肢を比較していこう。なお、「適当でないもの」が求められていることを忘れないように。

イ 8での「所属する階層や男女の別に応じて〜しつけられ」という部分と、9での「それぞれ異質な世界にあった子どもたちを学校という均質な空間に一挙に掬いとり」という内容に合致するので、適当な説明。

ロ 8で武士の子どもが「家格相応の役人として一人前に勤め」ることができるように「厳しい教育が施された」り、農民の子どもも「共同体の一員としての役割を担った」と説明されているように、社会的な規範に拘束されているのだから、「社会関係や規範に拘束されることのなかった子ども」という部分が本文と矛盾しており、適当とは言えないのでこれが正解。

ハ ロの説明で述べたように、子どものうちから親の地位や役割を担えるように期待されていることが8で示されているし、そうした子どもたちが「『児童』という年齢カテゴリーに一括」されたと9で述べられているので、適当な内容。

ニ 傍線部の直前に「近代西欧の子ども観の影響を受けながら」と示されており、しかもその「子ども観」とは6にあるように「無知で無垢な存在」と子どもを見なすことであるから、適当な内容。

ホ 7の「明治政府による急激な近代化政策のなかで」という内容と、9の「建設されるべき近代国家を担う国民の育成をめざして、義務教育の対象」という内容に合致するので、適当な内容。

問六 選択肢を順番に吟味していこう。

イ 「子どもを〜庇護しようとする親の愛情に違いはない」という部分が、5の「ナバホ・インディアン」の社会では「子どもは、庇護されるべきものとも、〜見なされない」という内容と矛盾するので×。

ロ 4での「社会が異なれば、さまざまに異なった子ども観があり」という部分や、6の「今日のわれわれの子ども観」は「主として近代の西欧社会で形成された」という部分、さらには、[7]以降の、日本における近代的な子どものあり方が明治以降のことであるという内容にも合致しており、正解。

ハ 「封建社会においては〜男女を問わず」という部分が、[8]の封建社会では「男児と女児ではまったく違った扱いを受けた」という内容と矛盾するので×。

ニ 「文化規範と、〜法律や制度とのズレ」という部分が×。[2]の「それぞれの（年齢）段階に、法律や制度や慣習による年齢規範や文化規範が存在する」、つまり法律・制度と文化規範は合致しているという内容に矛盾する。

ホ 「西欧では〜子どもの観念が劇的に（＝激しく、波乱を含んで）変化していた」という部分が、[7]の「西欧では〜長期的な発展のなかから徐々に生み出されていった」という内容に矛盾するので×。

解答

問一 a 指摘　b 考慮　c 交渉　d 隔離　e 丹念

問二 ハ

問三 年齢とは、加齢の過程に社会が付与した、文化や歴史、政治や経済等の要素が複雑に織り込まれたイメージが深く関わる概念だから。（60字）

問四 小さな大人

問五 ロ

問六 ロ

配点

問一 10点（2点×5）

問二 8点

問三 10点
・加齢の過程に社会が付与したイメージ………5点
・文化や歴史等の要素が複雑に含まれている…5点

問四 6点

問五 8点

問六 8点

第九問 『仮説の文学』安部公房

設問の解説

問二 指示語の指示内容はふつう指示語よりも前に書かれている。しかし指示語の前の部分だけさかのぼっても、答えが決まらなかったりまちがったりしがちなので気をつけよう。たしかに早く解答しようと焦る気持ちはわかるが、急がば回れである。つまり、指示語の指示内容をあわてて探す前に、まずじっくりと指示語の前後関係を確認することである。指示語といえども傍線部の問題に変わりはない。**傍線の前後の文脈をよく確認し、解答の方向を見きわめる**（正解へのアクセス④）ことはやはり重要である。特に傍線部の後の文脈をおろそかにしないように注意しよう。

たとえばAの「それ」は直後で「絵そら事」であり、「不真面目」であり、「日常の破壊者」だとされている。したがって、少なくとも「日常」あるいは「日常性の秩序」が指示内容になることはない。むしろ日常に危機を与えるものだから、直前の内容のうち「異常性」が正解になる。

Bの「それ」は前後の文脈から、「ある文芸評論家」が「疑似科学的であり、怪談的である」と非難している対象だから、直前の「最近の空想科学小説」あるいは「最近の空想科学小説の傾向」になる。なお「ある文芸評論家」が非難しているのは、あくまで「最近の空想科学小説（の傾向）」であり、空想科学小説すべてを非難しているのではないので「最近の」が抜けている「空想科学小説」などの解答は不適当である。指示語の前後の文脈を正しく理解しないと、こうしたミスが生じやすいので、くれぐれも注意しよう。

Cの「それ」は直後の文脈から〈「人間の宇宙飛行の反映」というより「崩壊しつつある、この日常の秩序の反映」であると思われるもの〉が指示内容になる。この文脈は、指示語の前の「空想科学小説の興隆も、単なる風俗的現象（表面的現象）でなく本質的な意味をもっているのではあるまいか」という文脈に対応している。つまり傍線部の前後の文脈を総合すると、「人間の宇宙飛行の反映」による「風俗的現象」ではなく「日常の秩序」の崩壊という深刻な問題が反映している現象が「それ」すなわち「空想科学小説の興隆」だということになる。ここでは、あくまでさまざまな事態が反映した社会現象が問題だから、正解は「空想科学小説の興隆」であり「空想科学小説」だけではまちがいである。また、さらに前の文脈にある「仮説の文学の伝統」や「大きな文学の本流」は、ここで問題になっている、〈一見「宇宙飛行」などの反映した「風俗的現象」と見なされかねない最近の社会現象〉という内容にそぐわない。現に「それ」の部分に「仮説の文学の伝統」や「大きな文学の本流」を入れると、文章が通らなくなるはずだ。

第九問

以上見てきたとおり、指示語の問題では、**前後の文脈をよく考え、解答候補を指示語の部分に代入して確認することが必要である。**（**正解へのアクセス⑧**）

問三　「科学」と「異常や非合理」を「機械的に対立」させる考えとは、図1に示したような〈一般の考え〉である。筆者がこの考えに疑問をもつのは、両者が対立点だけでなく共通点をもつからである。**本文の解説**も参考にしてほしいが、後の文脈を見ると「科学と対立しているのは、異常世界などではなく、むしろ……日常の保守的生活感情なのではあるまいか」（ℓ16〜18）、「日常という座標をとおしてみると、本来は対立物であるはずの科学と妖怪の世界が、機能においては意外に共通性をもっている」（ℓ27〜28）と書かれているとおり、**「科学」と「異常や非合理」は「日常」と対立する点で共通しているから**、傍線部の疑問が生じているのである。したがって正解はニ。

イとロは傍線部の直後の内容を踏まえているが、これは筆者が批判する常識的な考え方であり、むしろ〈「科学」と「異常や非合理」の対立〉を正しいととらえ、それに疑いをもたない方向の考えである。ここでは筆者が〈「科学」と「異常や非合理」の対立〉に疑いをもつ理由をきいているわけだから、解答として不適当である。

ハも[1]に書かれているが、これも〈「科学」と「異常や非合理」の対立〉を正しいと考える方向の選択肢であるから×。

ホは、傍線部直後に記されている中世の科学観を踏まえており、現代の科学の説明として不適当である。筆者は、「科学」と「異常や非合理」の共通性を〈暗いドロドロした奇怪さ〉に見ているのではなく、あくまで「日常」との対立という点に見ているのだ。

問四　傍線部2の「魔女」とは「異常な世界」の代表であり、「科学者」は「科学の世界」に生きる者である。したがって傍線部は「異常な世界」と「科学の世界」が「同じ炎で焼き殺されてきた（＝迫害されてきた）」ことを意味する。では誰が、「科学」と「異常」を迫害したのか。それは[4]に書かれているとおり「日常性」が迫害してきたのである。ではなぜ迫害したのか。その理由は傍線部直後に書かれているとおり「科学」と「異常」が日常の「秩序」を「破壊」するからである。ではなぜ両者が日常の秩序を破壊するのか。その答えは、両者が「（日常の）ヌエ的秩序ではもはや包みきれなくなった、現実のエネルギー」（ℓ30〜31）のあらわれだからだ。以上をまとめると、〈**異常も科学も、日常の秩序でおさえきれない現実のエネルギーのあらわれであり、そのため日常の秩序を破壊するものだという理由で、迫害されてきた**〉という内容が読みとれる。したがっ

第九問

て正解はイ。

ロの「現実のエネルギーの本能的あらわれ」とは「妖怪の世界」（ℓ31～32）のことであり、「知的なあらわれ」とは「科学の世界」（ℓ32）のことである。そうするとロは〈妖怪の世界を科学の世界が攻撃した〉という内容になり、明らかに傍線部の内容とずれている。

ハはまちがいやすいが、「科学の世界も魔女の世界も日常世界よりも異常な方向に逸脱している」が×。本文に「日常世界というやつは、科学の世界よりは異常に近く」（ℓ29）と書かれていて、明らかに科学の方が日常世界より「正常」なのである。したがって「科学の世界」が「日常世界よりも異常」というのはまちがいである。このへんも詳しくは**本文の解説**の図2を参考にしてもらいたい。

ニは「本能的な世界と知的な世界との対決を防ぐ」という内容が本文にない。本能的異常世界と知的な科学世界の対決は別に防ぐべきものではなく、両者が共に日常を破壊すること自体が問題なのである。

ホは「本能性の欠如や知性の欠如を理由に」が本文にない内容である。


問五　イは「日常性」という土台の上に「科学技術」が築かれてきたという内容が不適当。筆者はあくまで「日常性」と対立し、それを破壊するのが「科学」だと述べているのである。

ロだと筆者が、「日常の安定した世界を維持してゆく」ことを重視していることになる。筆者はどちらかというと日常に対して「保守的」（ℓ18）で「神話」（ℓ25　**語句の意味参照**）だと批判的な捉え方を示しており、何が何でも日常を維持しようと主張してはいないので不適当である。

ハの、「科学と異常」が〈今まで秩序を支えて来たが、これからは秩序を破壊すべきだ〉などという意見は、本文に書かれていないので×。特にかつて科学と異常が秩序を支えてきたなどという内容は本文にない。

ニの前半部は、科学が日常と対立する本文の主旨から、科学に基づく「空想科学小説」も日常と対立すると考えてよいし、⑥の「仮説（想像の世界）の文学伝統」に位置する点からも、たしかに「空想科学小説は、非日常的な世界を示す」と言える。さらに後半部もℓ44～46に「仮説を設定することによって、日常のもつ安定の仮面をはぎとり、現実をあたらしい照明でてらし出す」という内容に合致している。これが正解。

ホは、「空想科学小説の隆盛」が、「現実の秩序の崩壊」を招来していたとあるが、その順序が逆なので×。本文末に「空想科学小説の隆盛」は「崩壊しつつある現実の秩序」の反映だ、と書かれている通り、あらかじめ「秩序が崩壊しつつある」現実があって、それを反映しているのが「空想科学

第九問

小説の隆盛」であり、最初に「空想科学小説」が隆盛し、それが「現実の秩序」を崩壊させたわけではない。

解答

問一 a 拒否　b 神聖　c 照明

d 反逆　e 根源

問二 A 異常性

B 最近の空想科学小説（の傾向）

C 空想科学小説の興隆

問三 ニ

問四 イ

問五 ニ

配点

問一 10点（2点×5）

問二 9点（3点×3）

問三 9点

問四 12点

問五 10点

第十問　『二十一世紀の資本主義論』岩井克人

設問の解説

問二　こうした空欄補充の問題では、正解へのアクセス④に従って、**空欄の前後の文脈に注意しよう。**

まず［A］だが、この空欄には「投機家」について説明した言葉が入る。しかもこの「投機家」は、空欄直後の文脈によれば、ケインズの説明するような市場に参加する者である。ケインズの説明する「投機的市場」に参加する人間についてはℓ5〜6に「専門的な投機家」という表現があるので、［A］にはハ「専門的」を入れればよい。［A］前後の「多数の……投機家が……おたがい同士で売り買いをしはじめる」という内容がℓ5〜7を言い換えたものだということも、大きなヒントになるはずだ。正解へのアクセス⑫（**傍線部と同じ話題や語句の出てくる箇所に着目しよう**）を思い出そう。

［B］と［C］は同じ一文に含まれているので、いっしょに考えよう。ここは、④の「合理性のパラドックス」をふまえて書かれているところである。［B］は、直前の「たとえ非合理的な慣習や制度がなくても」と並列する内容であることに注目すれば、「非合理的」に最も近い内容の語であるイ「恣意的」（語句の意味参照）に決まるだろう。最後の［C］は、どういう条件でも不安定性がある、と言っているのだから、ニ「本来的」が正解である。要するにこの一文では、「非合理的」な慣習や「恣意的（＝好き勝手）」な介入があろうとなかろうと、市場というものはもともと不安定で非合理なものだということが、述べられているのである。

問三　正解へのアクセス④に従って**傍線部の前後の内容に注意し**、ここでいう「読者」が「合理的」な「投機家」と同様の存在であるという点をおさえる。そのうえで、正解へのアクセス②（**設問をよく読み、何が問われているかを正確につかもう**）に従い、この設問が「合理的な投機家」＝「美人コンテストに投票する読者」の「行動」について答える問題であることを、きちんとおさえよう。

本文の解説の②でもふれたように、「合理的な投機家」は、単にモノの過不足を予想するのではなく、「自分と同じように合理的に思考するほかの投機家」の予想を予想して売り買いするのである。ということは、「『美人コンテスト』で賞金をかせごうとしている読者」のような行動とは、他の合理的に思考する投票者の予測を予測して投票する、ということである。したがって正解はニに決まる。

イは、「自分の好み」が不適切。投機家が「ほかの投機家」の予想をして売り買いするように、美人コンテストの読者も他人の投票を予測して投票する。したがって「自分の好み」については考慮しないはずである。

ロも、「投票者自身」の考え方にもとづいて投票するとされており、右のイと同じ理由で不適切である。

ホも、イ・ロと同様の理由で、「客観的な基準」がおかしい。

ハが少し迷うかもしれないが、「世間一般の人」がおかしい。傍線部でいう「読者」とは「投機家」と同様の存在なのだから、その読者は他の「合理的に思考する」者（ℓ12～13）や「専門的な」人間（ℓ5）の予想を予想するのである。けっして「世間一般の人」といった漠然とした人々の予想を予想するわけではない。

問四 「市場価格は実体的な錨《いかり》を失い」というのは比喩的な説明である。したがって、この比喩表現がどういうことを示しているのかを考えてみればよい。「錨を失」うとは、船が錨（**語句の意味**参照）を失って流されてしまうように「市場価格」が揺れ動き、ついには「乱高下をはじめてしまうこと」であろう。したがって、この傍線部2は、ℓ21～22の内容と同じことを意味しているということになる。「価格」はモノの値段なのだから、「実際のモノの過不足の状態」に規定されているように思われがちだ。しかし現実には、実際にモノがあろうとなかろうと、投機家同士の予想の影響によって価格が乱高下してしまう（たとえば、現実にはあるモノが有り余っているのに、投機家がそれが高い値で売れるだろうと予想しあうことで、本当にそのモノの値段が高騰してしまう、といった事象を考えてみればよい）。こうしたことを筆者は言おうとしているのである。以上の内容に即したイが正解である。

ここで他の選択肢を検討するにあたって、**正解へのアクセス⑭**に従い、**問われていることと無関係なことを答えない**ように注意してほしい。

たとえばロだが、たしかにここに書かれていることは、本文の内容とは矛盾していない。しかし、この設問で問われているのは、あくまで傍線部の意味である。そして傍線部の表現は、価格が「実体」を失うこと、つまり実際のモノの過不足とは無関係に価格が変動することを意味しており、価格を「制御」できるか否かといった問題ではない。したがってこの選択肢は、問われていることとは直接には関係のない内容であり、正解とならないのである。

ハは「非合理的思考」が不適切。あくまで投機家は「合理的」（**p77のキーワード「合理」**参照）な思考にもとづいて予想をするのである。

ニも、ロと同様、問われていることに答えていない。傍線部で述べられているのは価格自体の変動についてであり、価格が「有力な投機家の手を離れる」かどうかといった問題ではない。

ホは、本文に書かれていない内容。価格は投機家同士の「合意」によって決まるわけではない。

問五「……とはどういうことか」という設問（＝**傍線部と同じ内容を違う言葉で説明することが求められている設問**）では、まずは**傍線部を言い換えた部分を探してみる**のが鉄則だ。

正解へのアクセス⑰

傍線部を言い換えている箇所に着目しよう

ここでは、「合理性のパラドックス」を**言い換えている部分を探す**。**p155のキーワード**「**パラドックス**」（一見常識や論理に反しているようだが、よく考えると一種の真理を表していること）に注目して本文を探すと、傍線部の直前に「合理性」が「非合理性」を生むということが書かれており、これが「パラドックス」に相当する内容だということがわかる。この「個人の合理性の追求が社会全体の非合理性をうみだしてしまう」という箇所が、とりあえず解答になるわけである。

ただし、これだけでは説明不足だし、解答の字数にもまだ十分余裕がある。そこで、ここでいう「合理性の追求」と「非合理性をうみだしてしまう」がそれぞれどういうことかを考えてみよう。これらの内容は、次のように説明できるはずである。

ⓐ **合理性の追求** ＝ 投機家同士がおたがいの行動を何重にも予想しあうこと

↓

ⓑ **非合理性が生じる** ＝ 市場の価格が乱高下してしまうこと

以上の二つのポイントをおさえて、六十字以内にまとめればよい。**正解へのアクセス⑤**に従い、**すじのとおった説明をこころがけよう**。ⓐがⓑを生むという構造が「パラドックス」なのであり、そのことが明確にわかるように書くことが重要である。

第十問

解答

問一 a 眺　b 仲介　c 変貌　d かいり　e かくらん（こうらん）
問二 A＝ハ　B＝イ　C＝ニ
問三 ニ
問四 イ
問五 個々の投機家が合理的に思考し、たがいの行動を予想しあうことで、かえって市場価格が乱高下し、経済全体が非合理的になること。（60字）

配点

問一 10点（2点×5）
問二 12点（4点×3）
問三 8点
問四 8点
問五 12点
・投機家同士がたがいに予想しあうという……3点
・合理性の追求が……………………………3点
・市場の価格の乱高下という………………3点
・非合理性を生む……………………………3点

第十一問 『子規からの手紙』如月小春

設問の解説

問二 正解へのアクセス②にしたがい、**まずは設問をよく読んで、何が問われているのかを正確につかもう。**ここでは、「日本が『近代化』を推し進めるためにしたことは、どのようなことか」と問われているのだから、解答には、当然、日本という国家が「近代化」を推し進めるためにしたことが具体的に示されなければならない。本文はソーセキとシキに関する記述が中心であり、日本が主体になっている場面はごく限られているので、まずは本文に即してそれを探してみよう。すると、[9]に「近代日本の、海外へ向けて拡大しようとする国家的欲望」という表現があり、それに続く部分で当時の日本という国家のありようが説明されていることに気づく。また、もう一度設問を読むと、そこには「何をしたのか……」とあるので、あとはこの部分の中で最も的確かつ具体的な行為として「近代化」へのステップをまとめている一文を抜き出せばいいということになる。

そこで、この部分の文脈を簡単に整理すると、ℓ53〜55まではパノラマに関する内容なので不適当。ℓ56は脱亜入欧のスローガンについてなので、これも「何をしたのか」という問いかけには合わない。だが、ℓ58は「……西欧に近づき、仲間に入り、アジアを侵略することで資本主義社会としての成功を手に入れること。」となっており、〈日本がしたことはどのようなことか〉という設問の条件にピッタリする。したがって、最もよい答えはこの一文ということになる。なお、それに続くこの段落の最後の一文は、「眼差し」について述べたものなので、これも不適当である。

問三 正解へのアクセス④を踏まえて、**傍線部までの文脈を整理してみよう。**p171の図にも記したように、ソーセキは、近代化をめざす日本のあり方の「最先端」にあって、そこから日本という見映えのしない小国を見てしまったことによって、「自意識の混乱」を抱え込んだのである。したがって、ここでのソーセキは、自分が日本人であるという認識そのものに不安を覚えていたからこそ「自分の名前を繰り返」し、自己の存在証明＝**アイデンティティ**（p133のキーワード）の確認をしようとしていたことがわかる。それを踏まえて選択肢を見ると次のようになる。

イ 「西欧的な自分を築きあげようとするため」というのは、当時の一般的な日本人と同様、単純に西洋に近づこうとする方向であり、「自意識」を「混乱」させたソーセキとは異なる。したがって、×。

ロ ソーセキ自身のあり方を確認するのではなく、日本のあり方を確認するかのように書かれているので×。

ハ もう一度自分を冷静に見つめ直すことで、自意識の混乱を抜け出そうとするという内容が、本文に対応するので○。

ニ 「自己を西欧に誇示するため」という表現には、イと同様、自意識の混乱というニュアンスが含まれていないので×。

ホ 「自分を冷静に見つめ、コンプレックスを捨てる」とあるが、本当に「コンプレックスを捨てる」ことができていたら、ソーセキは肌の黄色い日本人としての自分に苦しむこともなかったはずである。よって、これも×。

問四 **本文の解説**にも示したが、シキに関する内容が説明されるのは、おもに6と10だけである。そこで、**傍線部の内容を言い換えた箇所に着目しよう**という**正解へのアクセス**⑰を利用すると、傍線部の「シキの旺盛な知識欲」は、「シキの『見ること』への強い欲望」（7）と言い換えられていることがわかる。さらにその「欲望」は10の「欲望」という表現ともイコールである。そして10の前後を見ると、「近代化を生きる人々の、外側へと広がる欲望を共有し、新しい知覚体験を、言語化することだけだった」とあり、ここでシキがなぜそのような欲望を持つことになったかが説明されていることがわかる。当時の日本は、日清戦争の勝利に湧いていたのだが、それにともなって、たとえばパノラマに代表される「新しい知覚体験」が登場しはじめていた。病床に釘づけにされた子規は、そうした「新しい知覚体験」を言語化することでしか、人々の「外側へと広がる欲望」を共有できなかったのである。それを踏まえて各選択肢を見てみよう。

イ 「西欧から見られる存在としての日本のあり方を確かめ」ようとしたのはソーセキだけなので×。

ロ 「日本人であることのコンプレックス」に苦しんでいたのもソーセキだけなので×。**本文の解説**にもあるように「二人の見たものはあまりにも違っていた」（10）というポイントを忘れてはいけない。

ハ 「ソーセキと同じような眼差しを獲得する」とあるが、単純に近代化を夢見ていたシキの眼差しとアイデンティティの混乱に悩み屈折していたソーセキの眼差しとは、むしろ対照化されている。したがって、×。

ニ 「近代化に湧きかえ」る日本にあって、「新しい知覚体験を通して人々と近代化への欲望を共有するしかなかった」という部分が本文の内容と対応するので○。

ホ やや紛らわしい選択肢だが、シキがあこがれたのは「新しい知覚体験」であって、健康な「肉体」については、本文に書かれていないので、「健康的な肉体にあこがれざるをえなかった」が×。

問五 **設問をよく読もう**（**正解へのアクセス**②）。ここで問われているのは、「ソーセキ」の見たものである。したがって「シキ」の見たものなどを答えてはいけない。

では、ソーセキの見たものは何か。まず③に、ソーセキがエッフェル塔の上から日本を発見したとあるのに注意しよう。ここでソーセキが「発見」したのは、「日本は、序列化された世界の端に位置するばかりの、見映えのしない小国である」ということである。また、④でもソーセキは、「背ノ低キ妙ナキタナキ奴」としての自分を「発見」している。それを踏まえて各選択肢を見ていこう。

イ　日本が世界の端の小国であるという点と、日本人が西欧人よりも見劣りするという点をどちらも押さえているので○。

ロ　ソーセキは「新しい文明を吸収していくしかない」という姿勢を持つことができなかったのだから×。

ハ　当時の一般的な日本人ならいざ知らず、ソーセキは、日本が末端の小国にすぎないことを認識し屈折していたのだから、「輝ける未来が約束されている」が×。

ニ　「アジアから抜け出す必要がある」とあるが、これは単純に西欧に憧れる態度。ソーセキとは正反対なので×。

ホ　「西欧人の好奇の眼差し」とあるが、西欧人自身が日本をどのように見ていたかということは本文に書かれていない。イに比べると日本人の外見のことしか触れられておらず、日本そのものがどのように見えたか書かれていないので、その点でも×。

問六　まず、問われているのが「筆者の考え方」であることを確認しよう。ソーセキやシキの立場を筆者の考え方と混同してはいけない。正解へのアクセス②にもあるように、**設問はとにかく正確に読む**こと。

選択肢を見渡すと、本文の表面的な読解だけでは解けそうもないものが並んでいる。そこで、個々の選択肢を**消去法**（正解へのアクセス⑩）を用いながら丁寧に検討しよう。

イ　「あらゆる人間は平等」などとは本文に書かれていないし、「努力次第で……」という部分も的はずれなので×。本文では、強大な西欧と見映えのしない小国である日本の落差が問題とされていたはずである。

ロ　シキが「寝床に釘づけにされ」（⑩）ていたという本文中の記述などから、「漱石は……子規よりも幸せであった」という印象を受けた人もいるかもしれない。しかし、そういう漱石も「眼差しを複雑に屈折させ」（③）、「自意識の混乱」（③）に苦しんでいたわけだから、人々と「明るく、健康的な眼差し」（⑨）を共有していた子規に比べると、むしろ漱石のほうが不幸だったとも考えられる。したがってロは×。

ハ　ここではまず、選択肢にある「高み」というのが何を意味しているのかということから考えなければならな

第十一問

い。本文には、ソーセキがエッフェル塔にのぼったときの体験が描かれ、それが「世界をヨーロッパを中心に序列化し、俯瞰する為の装置としてのエッフェル塔」（①）と説明されている。したがって、ここでの「高み」とは、エッフェル塔に象徴される西欧の近代文明をさしていることがわかる。そしてソーセキは、「高み」から見下ろすことによって、「世界」が「ヨーロッパを中心に序列化」されているということ（①）、あるいは、その序列の末端に日本があるということ（③）を確認した。つまり、ここでソーセキは、世界を、西欧を中心とした「秩序」としてとらえているということになり、筆者の考えと合致するので○。

ニ　本文⑨に「明治の人々がはじめて出会った文明の見世物」とあるように、活動写真の前段階であるパノラマは西欧から移入した娯楽であった。したがって選択肢の「近代西欧文明とは本質的には相容れない」が×。

ホ　選択肢に「西欧諸国とそれ以外の国々とが対等の地位になった」とあるが、西欧と日本の落差、ソーセキが体験した「自意識」の屈折が問題にされていないので×。

解答

問一　a 陳列　b 複雑　c 渇望　d 娯楽　e 錯覚
問二　変わること
問三　ハ
問四　ニ
問五　イ
問六　ハ

配点

問一　10点（2点×5）
問二　8点
問三　6点
問四　8点
問五　8点
問六　10点

第十二問 『ダイヤモンドダスト』南木佳士

設問の解説

問二　設問をよく読み、何が問われているのかを正確につかもう（正解へのアクセス②）。傍線部の和夫の行動は、ある「意味」をもっている。後にそれと同様の「意味」をもった行動を和夫がしている。その箇所を見つければよい。

では、和夫の行動はどのような「意味」をもっているのか。この場面で彼は、ナースコールを受けて「妙な胸さわぎ」を感じながらマイクの部屋に行った。マイクの部屋の開け放たれた窓は「深い森の闇への入口のように見え」、マイクはそこから「森の闇に消えて行く」ようだった。そう感じた和夫は、思わず傍線部のような行動をとったのである。マイクが末期癌患者である以上、「森の闇」は死の世界を意味しているとみるべきだろう。つまり、ここで和夫は、マイクが死の世界（＝闇）に行ってしまうのを阻止しようとしたのである。

これと同様の意味をもった和夫の行動が述べられている文を、傍線部以降の場面（設問に「後の場面でも」とあるのに注意）から探せばよい。正解はℓ72～74の一文。ここでも和夫は、マイクが死＝闇の世界にからめとられてしまうのを阻止しようとしている。だからこそ、彼は頻繁に病室をのぞき、マイクの寝息に注意を払っているのである。

問三　問われているのはマイクの心情なのだから、傍線部の後にある彼のセリフに注目する。このセリフを追っていくと、その最後に「星を見ていて、あのときのやすらかな気持を想い出したかったのです。誰かに話すことで想い出したかったのです」とある（ℓ38～39）。この部分が傍線部と対応していることは明白。したがって、とりあえずの解答は、「あのときのやすらかな気持を想い出したかった」から、ということになる。

あとは、「あのときのやすらかな気持」とはどのような気持かということを、本文に即して説明すればよい。これについては、ℓ25以降の部分、なかでもℓ31～37に述べられている。以上をまとめると、ポイントは次のようになる。

> ① **「あのときのやすらかな気持」の説明**
> a　かつて戦場で死に直面したとき
> b　たしかな配置で星があるのを見て
> c　この星の位置をアレンジした人がいると確信し
> d　同じようにアレンジされている自分を見出して
> e　安心した（やすらかな気持になった）
>
> ② **①の「気持」を想い出したかったから**

書かなければいけない内容がたくさんあるが、なんとか80字以内にまとめてみよう。右のポイントａなどをこういった簡潔な表現でまとめるのはかなり難しいかもしれないが、自分なりにベストな解答を作るべく臨機応変に工夫をすることも大切である。

くりかえしになるが、この設問では、ℓ38～39に傍線部と同様の表現があるのを見つけられないと、正解はおぼつかない。できなかった人は、あらためて**正解へのアクセス**⑰**〈傍線部を言い換えている箇所に着目しよう〉**を確認しておこう。

問四　マイクは、傍線部直前のℓ47～50で、「星のアレンジ」についての話をしている。この話が、マイクに「松吉さん」や彼の「水車」のことを想い出させたと考えることもできるだろう。また、マイクが「松吉さん」や「水車」についてどのような思いを抱いているかについては、ℓ61～70のマイクのセリフのなかで述べられている。したがって、傍線部前後の二箇所にあるマイクの言葉を手がかりに、解答を確定していけばよい。

これらのマイクの言葉から共通して言えることは、彼がいわゆる〈自然の摂理〉とか〈自然と人間との調和〉とかいったものに思いをはせているということである。マイクは、死という自然の摂理をも制御しようとする「思いあがった」人間のことを嘆き、そこから、水車を造る松吉のことを想い出した。そして、松吉の造った水車の回る駅や、そうした駅を通ってゆっくり走る鉄道、その鉄道とツツジや月といった美しい自然が調和する風景などに、思いをはせる。そうした美しい情景は、マイクにとって、ひとつの理想ともいえるものなのだろう。

以上の内容に即したハが正解である。他の選択肢については以下の通り。

イ　「暗澹とした気分になり」が×。傍線部の直前で、マイクは「休めそうです」と答えている。これは、彼が暗い気分になっているわけではなく、安らかな気分になっているからであろう。

ロ　「松吉の将来」について「不安を感じてきた」という主旨の選択肢だが、そうした内容は本文に述べられていない。しかもℓ85には「松吉さんはいいなあ」とあり、マイクが松吉の将来をむしろ明るいものと見なしていることがわかる。

ニ　「悔いを残したままに終わりそうな自分の闘病生活」が×。マイクは、「十分に闘いましたか」という質問に対して「Yes.」と答えている。

ホ　「自分の病気をなんとか克服できそうだという思い」が×。ℓ47以降のマイクの言葉からすると、彼は自身の死期を予感していると考えた方がいいだろう。

こうした問題を解くときに重要なのは、本文からは判断できないことを勝手に想像してしまわないようにするということだ。登場人物はこんなことを考えているはずだ、などと根拠のない深読みをし、自分で話を作ってしまわないこと。あくまでも本文の記述にもとづいて解答を決めるという態度が肝要なのである。次のことを覚えておこう。

正解へのアクセス⑱

小説では、必要以上に深読みをしないようにしよう

問五　傍線部のマイクの言葉は、直接的には和夫に対する感謝を表明したものである。しかしここで重要なのは、なぜ和夫の言葉がマイクにとって「とてもいいなぐさめ」になったのかという点だ。したがってこの設問では、和夫の言葉の内容や彼の態度について検討してみる必要がある。

注目すべきは、ここで和夫が、問われもしないのに松吉の「水車」の話をしているという点である。ℓ68などから考えると、はたして本当に松吉の水車が完成し回りはじめたのかどうかはわからない。けれども和夫はマイクに向かって、「もうすぐ水車が回ります」から「早くよくなって、見に来て下さいよ」と言う。問四でも見たように、マイクにとって松吉の水車と、その水車の回る鉄道とは、ひとつの理想のようなものの象徴でもあった。その水車が回りはじめたという話は、マイクにとって大きな「なぐさめ」になったはずなのだ。また、傍線部直前の「早くよくなって、見に来て下さいよ」という和夫の言葉も、明らかにはげましの言葉である。

以上の内容に最も即したニが正解。「自分の大事にしていたものを守ろうと尽力していた松吉」は、ℓ63〜65に合致。「一応の目標を達成しそうだという話」は、水車が回りそうだと言っている和夫の言葉に合致している。そして、その話にマイクは「癒され」、しかも、そうした話をして「よくなって」くださいという和夫のはげましの言葉に、「ありがとう」と「感謝」している。そして「死を穏やかに迎えようとしている」は、ℓ77〜79の内容に合致しているといえる。この問題でも、前問と同様、**必要以上の深読みをしないようにしたい**（**正解へのアクセス⑱**）。

他の選択肢については以下の通りである。

イ　「和夫のなぐさめの言葉は何にもならない」が×。右に述べたように、和夫はマイクに向かって松吉の水車の話をしている。そしてその話は、水車の回る鉄道を理想的なものととらえているマイクにとっては、大きななぐさめとなったはずである。

ロ　まず、選択肢前半の内容が本文からは確定できない。

第十二問

松吉についての話が「病気を克服するために闘うことの大切さ」を説くものだとは断定できないはずである。また、「自分も病気と闘っていこうと決意をあらたにしている」も×。ℓ77〜79の内容から考えると、マイクはすでに闘いを終えたと感じているはずである。

ハ　「ありがとう」というマイクの言葉は表向きのもので、実は彼は鬱屈を抱えている、という主旨の選択肢。しかし、そうしたことは本文からはうかがえない。マイクが裏表のある性格だということを示すような記述は、本文にはない。

ホ　「無力感」「虚無的」が×。これでは死を前にしたマイクが投げやりになっているということになってしまい、ℓ77〜79の内容と矛盾してしまう。

問六　「誤っているもの」を「二つ」選ぶという設問の指示を確認したうえで、一つ一つの選択肢について、丁寧に検討していこう。

イ　たしかに「回想場面」はあるが、それが「和夫の内面」を描き出しているというのはおかしい。本文にある回想場面は、すべてマイクが過去を想い出している場面である。したがって、回想場面によって描かれているのはマイクの内面でしかない。したがって、この選択肢が「誤っているもの」となる。

ロ　「高原の美しい自然や季節の風物についての描写」は、ℓ1〜2や、ℓ61〜70などにある。そして前者は、秋の訪れとともにマイクの生命が衰えていくことを暗示しており、後者は、マイクにとっての理想的な世界を表現している。したがって、このロに誤りはない。

ハ　問四でも見たとおり、「星のアレンジ」についての話や、松吉の造る水車の話などからは、人間の営みと自然とが調和した、マイクにとっての理想的な世界のあり方がうかがえる。したがって、この選択肢も本文の内容に合致している。

ニ　マイクは自らの死を静かに受け容れているし、和夫や医師の香坂も、マイクに対して丁寧な言葉づかいで静かに語りかけている。このことが物語全体を静かで穏やかな雰囲気を与えていることは明白。この選択肢にも誤りはない。

ホ　マイクと松吉が「まったく対照的な考え」をもっているとされている点が、明らかな誤り。マイクが「松吉さんはいいなあ」と言い（ℓ85）、松吉に対するあこがれを表明している以上、彼らの考え方などにはどちらかといえば似ている点があると考えるべきだろう。マイクと松吉の間に相違点があるとすれば病気が治って退院できたか否かという点だが、それは二人の「考え」の相違ではない。

第十二問

ヘ　看護士の和夫は、問二で見たように、マイクの病状を真剣に心配している。問題は医師の香坂だが、彼は、マイクに対して「十分に闘いましたか」と語りかけ、彼としばらくのあいだ手を握り合っている（ℓ75〜83）。これはどちらかといえば「真摯」な態度だといえるはずだ。こうした態度は医師として当然のものにすぎない、という考え方も成立するかもしれないが、だとしても、それだけで香坂の態度が「真摯」ではないとはいえないはずである。したがって、この選択肢も本文についての正しい説明となっている。

解答

問一　a　いただき　b　そうはく
　c　りゅうちょう

問二　その夜、彼　〜　すませた。

問三　かつて死に直面した際、星の整然とした配置を見て、そのアレンジをした人の存在とその人に抱かれた自分を見出し安らぎを覚えたが、そのときの気持を想い出したかったから。（80字）

問四　ハ

問五　ニ

問六　イ・ホ

配点

問一　6点（2点×3）

問二　6点

問三　12点
・戦場で死に直面した（海を漂流した）とき……2点
・たしかな配置で星があるのを見て……………2点
・星の位置をアレンジした人がいると確信し…2点
・同様にアレンジされている自分を見出して…2点
・安心した（やすらかな気持になった）………2点
・右のような気持を想い出したかったから……2点

問四　6点

問五　8点

問六　12点（6点×2）

〈正解へのアクセス一覧表〉

No.	①	②	③	④	⑤	⑥	⑦	⑧
	つねに「より良い答え」を求めよう	設問をよく読み、何が問われているのかを正確につかもう	マス目の解答欄では、冒頭の一字を空けたりせず、句読点や記号にも一マス用いること	傍線や空欄の問題では、その傍線や空欄の前後の文脈（文の流れ）をよく確認し、解答の方向を見きわめよう	記述問題では、すじの通ったわかりやすい答えを作るよう心がけよう	「……の違いを述べよ」という問題では、二つを対比させて答えよう	空欄補充問題では、解答しやすいところから入れていこう	指示語の問題では、前後の文脈をよく考えて、解答候補は一度指示語の部分に代入して確認しよう
例題A	○	○	○					
例題B		○		○				
例題C	○			○				
例題D				○	○			
第一問		○		○		○		
第二問		○		○			○	○
第三問	○	○		○	○			
第四問		○		○				
第五問		○						
第六問		○		○				
第七問		○		○				
第八問		○	○	○				
第九問				○				○
第十問		○		○	○			
第十一問		○		○				
第十二問		○						

正解へのアクセス

⑨	とらえどころのない問題では、本文全体の主旨に即して解答を考えよう							○			○						
⑩	選択肢の問題では、消去法を活用すること							○	○							○	
⑪	脱落文は、まず脱落文自体の内容に注目し、前後の文脈を論理的に推測してみよう								○								
⑫	傍線部と同じ話題や語句が出てくる箇所に着目しよう								○			○			○		
⑬	記述問題の答えは、中身の濃いものを									○		○					
⑭	問われていることと無関係なことを答えないようにしよう									○							
⑮	解答に確信が持てないときには、別の方向から考えてみよう										○						
⑯	記述問題では、重要な内容から優先的に答えていこう												○				
⑰	傍線部を言い換えている箇所に着目しよう														○	○	○
⑱	小説では、必要以上に深読みをしないようにしよう																○

25620